新潮文庫

ローマ亡き後の地中海世界

海賊、そして海軍

1

塩野七生著

海賊

日本語には、集団を組んで海上を横行し、他の船や沿岸に住む人々を襲っては、物を奪ったり人間を拉致《らち》したりする盗賊を表わす言葉としては、海賊の一語しかない。だが、日本の外では昔から、二種類の海賊が存在したのである。英語を例にとれば、pirate と corsair に。

それで英語ならば pirate となる海賊だが、古代ギリシア語の pirates がローマ時代になってラテン語の pirata になったものを語源にしている。ゆえにラテン語の長女格のイタリア語では、pirata と今でもそのままで変わらない。イタリア語や英語以外の他の言語でも、古代のラテン語を語源にしていることでは同じだ。つまり、こちらのほうの海賊は、昔からずっと存在していたということである。

ところが、corsair となるとちがってくる。この英語の語源もラテン語の cursarius だが、このラテン語は古代のギリシア語に由来してもいず、と言ってローマ人の言語であったラテン語にも由来していない。ラテン語であることでは同じでも、中世になって出来たラテン語なのである。そして、この中世ラテン語から、後代の西欧諸国の言葉が派生していく。

イタリア語だと　corsaro
フランス語では　corsaire
英語になると　corsair
ドイツ語でも　Korsar

ここでは、中世の地中海世界の主人公の一人であった海賊とは最も深く長期にわたって関係をもったのがイタリア人であったことから、この二種の海賊を表わす言葉としてイタリア語を用いるが、そのイタリア語でも「ピラータ」と「コルサロ」に分れていたのには理由があった。一言で言ってしまえば、

ピラータは、非公認の海賊、であり、
コルサロは、公認の海賊、であったからだ。

前者は、自分自身の利益を得ることを目的として海賊行為に従事する者である。
一方、後者となると、同じように海賊行為は行っても、その背後には、公認にしろ黙認にしろ、国家や宗教が控えていた者たちを指す。ゆえにコルサロとは、公益をも

たらす海賊、と考えられていたのである。近世に入ってならば、イギリスの女王エリザベス一世時代のフランシス・ドレークの例が有名だ。

海賊といえばピラータしか存在せず、それゆえ単なる犯罪者として厳罰に処していればよかったのが、「パクス・ロマーナ」時代のローマ帝国であった。法治国家を認じていたローマ人にしてみれば、たとえ国益につながろうと、罪もない人々を拉致したり、彼らの財産を奪ったりする行為は、許されてよいことではなかったからだろう。この意味の海賊を表わす cursarius はラテン語だが、古代のローマ人のラテン語ではなく、ローマ帝国滅亡後の中世のラテン語であることからして、この史実を証明しているように思える。

日本語には、ピラータとコルサロのちがいもなくただ海賊という一語しかなかったのは、日本人がローマ人並みの法治民族とはとても言えない以上、コルサロ式の海賊に苦しまされてきた歴史が、日本にはなかったからではないかと思っている。つまり日本人にとっての海賊は、ピラータのみであったのではないか。それゆえか、外国語の日本語訳辞書でも、この両者ともを海賊としか訳していない。

しかし、辞書を作った人の気持もわからないではない。なぜなら、この二種の海賊は、明確には区別できないケースが実に多いからである。コルサロとして海戦に参戦しての帰途はピラータに豹変《ひょうへん》し、帰り道にあたった海沿いの町や村を襲って略奪した物や人を満載して、本拠地に帰還するという例は数えきれないくらいにあったのだから。

これもまた、人間世界を律してきた秩序が崩壊した時代の特色の一つである。単なる犯罪と、大義名分つきの犯罪が分けて考えられ、それに人々が疑いをいだかないこと自体が、法の権威の失墜を意味するからであった。

この書でも私は、ピラータであれコルサロであれ、「海賊」という一語でしか表現できない。なにしろ日本語には、それしかないのだから。

そして、最後に言いたい。黒地に白く髑髏《どくろ》を染めた旗を帆柱の上高くかかげて接近する海賊船などというものは、カリブ海の海賊か、いやカリブの海賊でも、小説や映画の上の話にすぎなかった、ということを。

ローマ亡き後の地中海世界　海賊、そして海軍1＊目次

海賊　3

はじめに　12

第一章　内海から境界の海へ　19

イスラムの台頭　20　サラセン人　29　海賊　34　拉致　43
さらなる進出　48　「暗黒」の中世　57　神聖ローマ帝国の誕生　65
狙われる修道院　79　シチリア島のイスラム化　85　「聖戦《ジハード》」　89
スキピオを夢見て　100　ローマへ　106　パレルモ陥落　113
北アフリカのイスラム社会　128　ガエタ、ナポリ、アマルフィ　133
再びローマへ　143　「聖戦《グエッラ・サンタ》」　160　「海の共和国」　168
「サラセンの塔《トッレ・サラチェーノ》」　174　シラクサをめぐる攻防戦　186　落城　197
イスラム下に入ったシチリア　205　「十字軍時代」以前の十字軍　216

間奏曲《インテルメッツォ》　「暗黒の中世」に差した一筋の光　221
「イスラムの寛容」　222　イスラム下のシチリア社会　239
地中海の奇跡　249
巻末カラー　「サラセンの塔《トッレ・サラチェーノ》」　257
リグーリア地方　260　トスカーナ地方　262
ラツィオ地方　266　アブルッツォ・モリーゼ地方　268
プーリア・バジリカータ地方　270　カンパーニア地方　274
カラーブリア地方　278　シチリア地方　282
サルデーニャ地方　286　マルタ島　288
図版出典一覧　290

第二巻
第二章　「聖戦《ジハード》」と「聖戦《グエッラ・サンタ》」の時代
第三章　二つの、国境なき団体
図版出典一覧
第三巻
第四章　並び立つ大国の時代
第五章　パワーゲームの世紀
図版出典一覧
第四巻
第五章　パワーゲームの世紀（承前）
第六章　反撃の時代
第七章　地中海から大西洋へ
附録　年表　参考文献　図版出典一覧

ローマ亡き後の地中海世界

海賊、そして海軍　1

はじめに

ローマの終着駅のすぐ近くに、「パラッツォ・マッシモ」（マッシモ宮殿）と通称される美術館がある。ローマには国立や市立の美術館がやたらとあるので、美術館にされない前のその建物の名で呼ばれるのが普通だ。主としてギリシア美術を展示しているのが「パラッツォ・アルテンプス」。ルネサンス時代のものが多いのが「パラッツォ・バルベリーニ」。エトルリア美術ならば「ヴィラ・ジュリア」。そして、古代のローマ人の好みで埋まっているのが「パラッツォ・マッシモ」なのである。

そのマッシモ宮の入口をくぐってさして多くない階段を登れば、中庭の向うのガラス越しに、初代皇帝アウグストゥスの立像が見えてくる。宗教祭祀《さいし》を主導するのもローマ皇帝の重要な任務であったから、このアウグストゥスもローマ式に、白い長衣《トーガ》の端で頭部をおおった姿で表わされている。この全身像が立つ背後の壁に、次の一文が記されるようになったのは、つい最近になってからだった。

——人間ならば誰でも神々に願いたいと思うことのすべて、そして神々も人間に恵んでやりたいと思うであろうことのすべては、アウグストゥスが整備し、その継続まで保証してくれたのであった。

それは、正直に働けば報酬は必ず手にできるということへの確信であり、その人間の努力を支援してくれる神々への信心であり、持っている資産を誰にも奪われないですむということへの安心感であり、一人一人の身の安全であった。——

この一文は、ヴァレリウス・パテルクロスの手になる『歴史』から採っている。この人物は、七十七歳まで長生きした皇帝アウグストゥスから見れば、息子か孫の世代に属した。『歴史』と名づけた一書を残したが、元老院議員でもなかったし、教育や著作が本業の知識人階級の一員でもない。アウグストゥスの後を継いで二代目の皇帝になるティベリウス配下の将の一人として、生涯の大半を過ごす。大隊長にまでは昇進したようだから、現代風に言えば、ローマ帝国の中間管理職、というところだったろう。

統治階級にも属さず、その統治階級を批判すること多かった知識人階級の一員でも

アウグストゥス

なかったパテルクロスだが、ティベリウスに従って帝国の各地をまわった経験から、世間の事情にならば通じていた。この人には、共和政か帝政かという政治形態をめぐってのイデオロギー的な考え方は生涯無縁であり、しごく単純に、善き政治か悪《あ》しき政治か、の別しかなかったにちがいない。

この人がアウグストゥスの死の後に書いたのが、右の一文である。ローマ帝国の初期に生きた健全な一生活人による、皇帝アウグストゥス評である。アウグストゥスの打ち立てた「パクス・ロマーナ」（ローマによる平和）を、こうも素直にこうも簡潔に評したものは他にない。現実的でないと生きていけない武人であったから、であろうか。

しかし、栄枯盛衰が歴史の理《ことわり》ならば、ローマ帝国とて例外にはなりえない。ローマ人による国際秩序としてもよい、「パクス・ロマーナ」も過去になった。だが人間は、時代が変わろうと、願うことはやめない存在だ。とはいえ、人間にとっての根本的な願望の現実化を統治者に期待できなくなってしまっては、残されたのは神にすがることだけになる。それも、他の神との同居もOKだった多神教の神々ではなく、同居は断じてNOという一神教の神に。

ローマ亡《な》き後に地中海をはさんで向い合ったのも、キリスト教とイスラム教という、一神教同士なのであった。

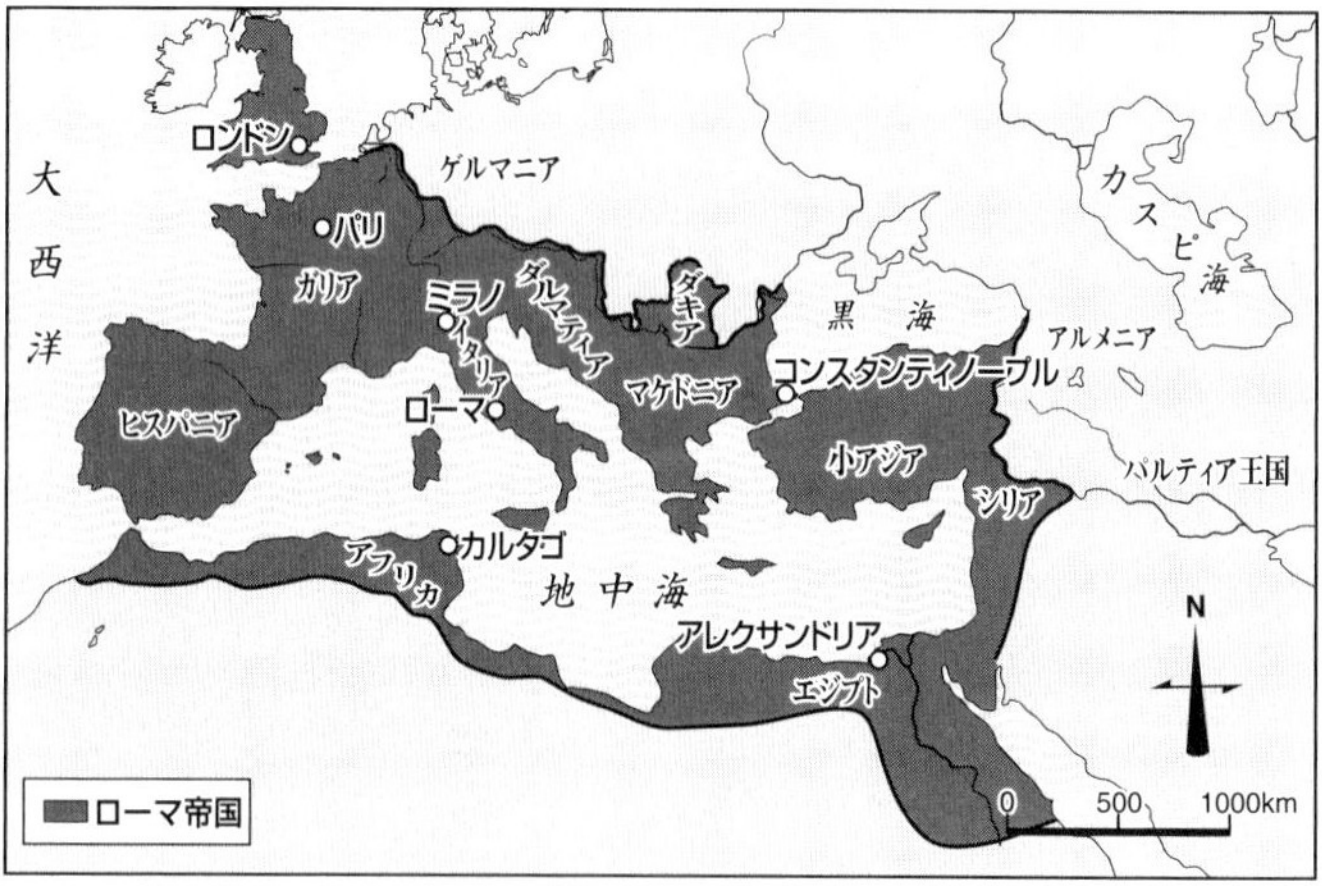

元首政時代のローマ帝国（1、2世紀）

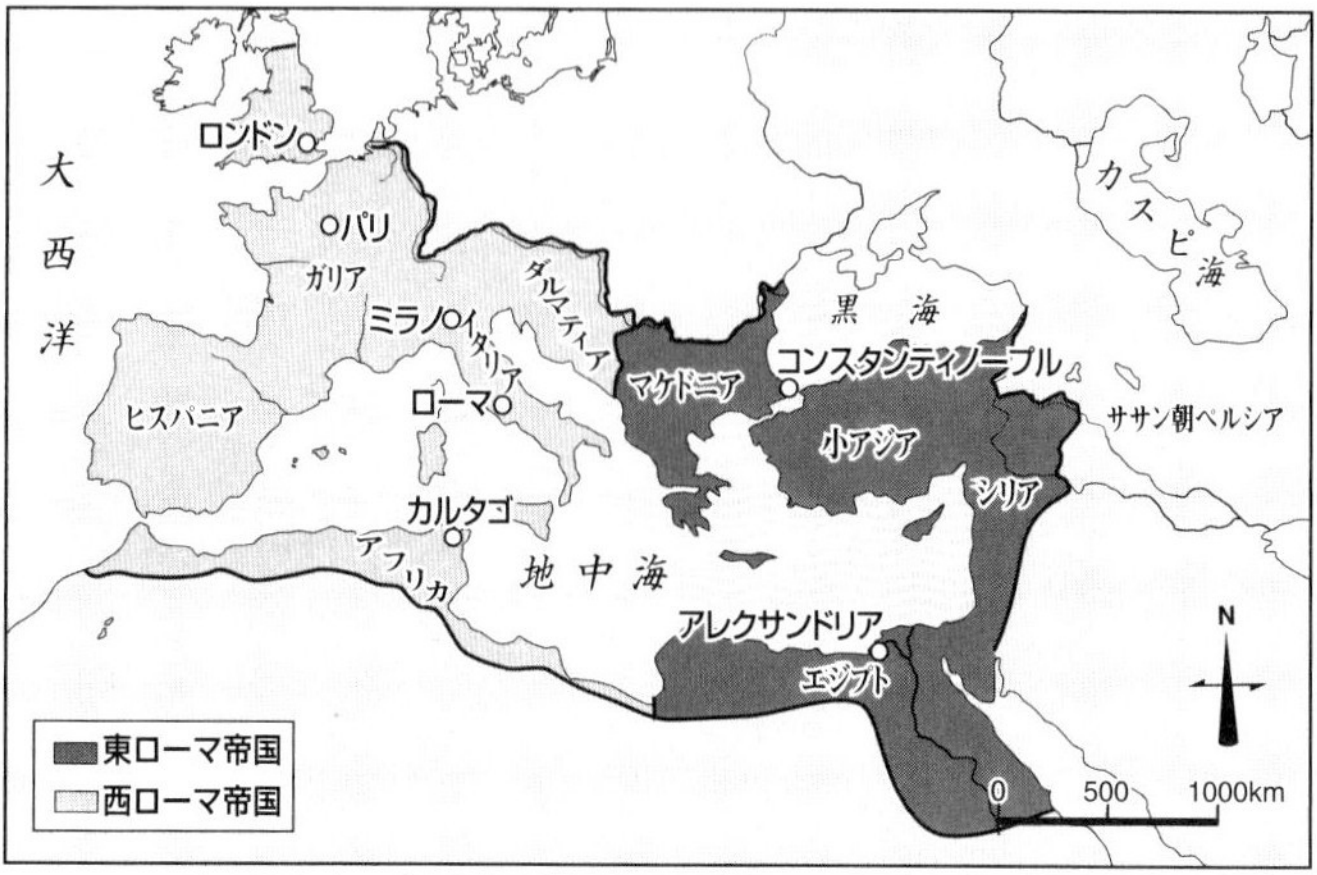

テオドシウス帝死後の東西分割時代のローマ帝国（4世紀末）

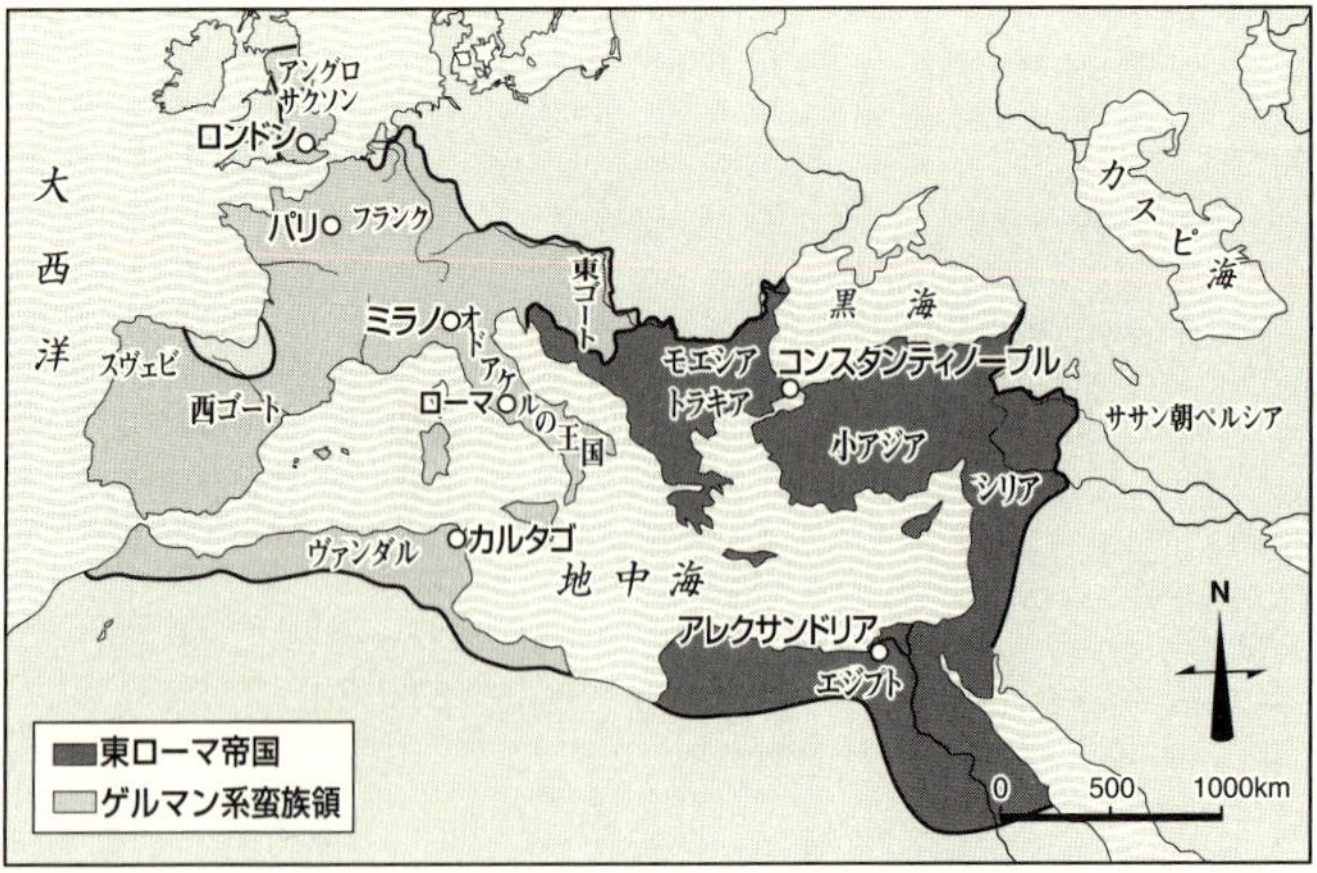

西ローマ帝国滅亡後の東ローマ帝国（5世紀末）

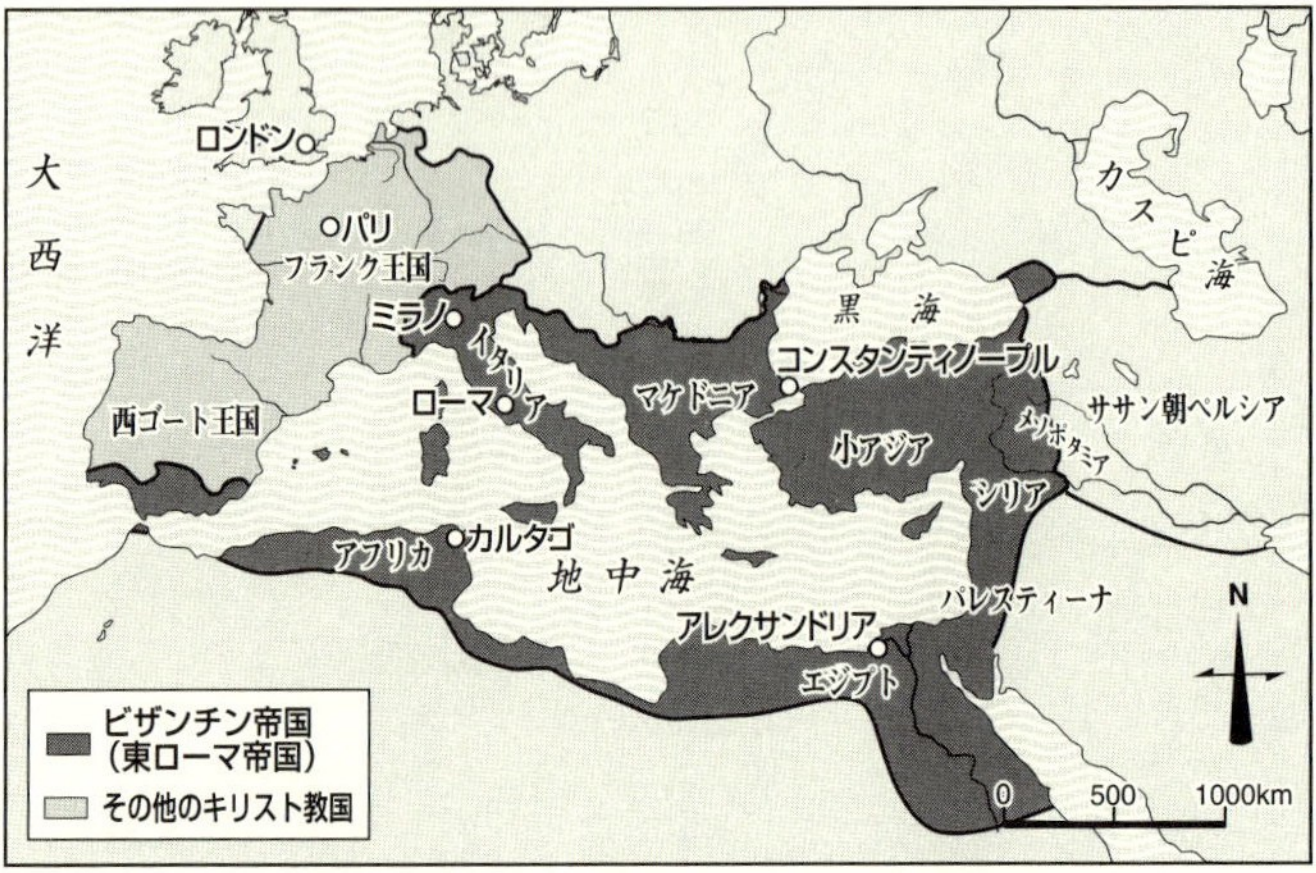

ユスティニアヌス大帝の死の直後のビザンチン帝国（6世紀後半）

第一章　内海から境界の海へ

イスラムの台頭

東ローマ帝国の皇帝ユスティニアヌスが、三十七年にもおよぶ長い治世の後に世を去ったのは、紀元五六五年のことであった。この人が歴史上では「大帝」の尊称づきで呼ばれているのは、古代ローマが健在であった時代に成された数多《あまた》の法律を集大成した、『ローマ法大全』を作らせた人だからではない。四七六年に滅亡した西ローマ帝国の新たな支配者になっていた北方蛮族から、イタリア半島と北アフリカに限ってならば奪回に成功した人だからである。歴史上、彼が、「再征服者」と呼ばれるのもそのためだ。

ただし、かつてはローマ領であったスペインにもフランスにもイギリスにさえも蛮族が居坐《いすわ》ったままの状態では変わりはなかったのだから、ローマ帝国を再征服したというのは誉《ほ》めすぎの感がある。とはいえ、イタリア半島はローマ帝国の本国であったのだし、北アフリカはそのローマの穀倉であった地だ。滅亡した西ローマ帝国の主要な地方ならば、再復したということは言えるのだった。

しかし、このユスティニアヌス大帝が世を去ってからわずか三年後、イタリア半島に、ロンゴバルド族が南下してきたのである。だが、二十年にもわたったゴート族相手のイタリア半島奪還戦役で力を使い果していた東ローマ帝国には、オリエントでの終わりなき対ペルシア戦役への対処もあって、この新来の北方蛮族を北に追い払う力は残っていなかった。と言って、ロンゴバルド族のほうにも、イタリア半島を完全制覇する力はなかったのだ。その結果、イタリア半島は、ビザンチン

6世紀から7世紀にかけてのイタリア半島
(A. Giardina, G. Sabbatucci, V. Vidotto 著“Manuale di Storia” Vol.1: Ⅱ Medioevo より)

帝国の名で定着しつつあった東ローマ帝国のギリシア人の支配する地方と、ゲルマン民族に属するロンゴバルド族の支配する地方が、まだら模様に共存することになった。この状態は、支配される側にすれば、不安定しか意味しない。言い換えれば、生きにくい時代、ということであった。

ユスティニアヌス大帝の死から五年しか過ぎていない五七〇年には、アラビア半島のメッカでマホメッドが生れている。布教開始は六一三年。死んだのは六三二年だが、その二十年足らずの間にアラビア半島の半ばをイスラム化していた。預言者マホメッドは、武人としての才能にも恵まれていたようである。

預言者の死後はその後継者ということになったカリフが率いる時代に移っていくが、「右手に剣、左手にコーラン」の成功は目覚ましかった。二年後にはアラビア半島を完全制覇し、パレスティーナ、そしてシリアと、的を北に移す。六三五年にはビザンチン帝国の重要な都市の一つであったダマスカスを征服し、ここに首都を移した。その翌年には迎え撃って出たビザンチン帝国の正規軍にも勝って、七百年もの間ローマ帝国の東の要《かなめ》であったシリアがイスラム化された。その後も休む間もなく、東はメソポタミア地方へ、西は小アジア深く進攻し、南はエジプトと、向うところ敵なしの快進撃がつづいた。

紀元六四二年にはアレクサンドリアを落として、エジプトをイスラム化した。トリポリを征服して現在ならばリビアになる地方をイスラム化したのは、そのわずか二年後だ。イスラム勢による北アフリカ制覇行はその後も止まらず、カルタゴが陥落したのは六九八年になってからだが、その頃ではもはや、北アフリカの全域がイスラム教の支配下に入っていたのである。紀元六七〇年には早くも、現代ならばチュニジア領になるチュニスの南一五〇キロの地に、カイラワン（Kairouan）と名づけた、北アフリカでは初めてのアラブ人による都市を建設している。ここを、イスラム拡大の前線基地にするつもりであったにちがいない。

案の定、カルタゴも落として北アフリカを完全に制覇した後のイスラム勢は、紀元七一〇年になるやジブラルタル海峡を渡り、イベリア半島の制覇行に移った。だが、ピレネー山脈を越えてフランスにまでイスラム化の波を広げる意気込みは、史上有名な「ポワティエの戦い」で、迎え撃ったフランク王国に阻止される。だがこれは、後世から見れば、ヨーロッパがイスラム化されなかったことでは決定的な意味をもつ「阻止」だが、イスラムの急激な勢力拡大の前に打つ手なしの状態にあった当時の人々にすれば、ひとまずとはいえ待ったはかけた、程度の感慨であったろう。

白い大きな紙の上にインクのびんをぶちまけるに似たイスラム化の波は、中東ではさらに徹底していた。先にはローマ帝国、次いではビザンチン帝国の強敵でありつづけたササン朝ペルシアも、いかに弱体化していたとはいえ、実にあっけないくらいに簡単に滅亡する。中東の強国が常に本拠にしてきたメソポタミア地方、ペルシア湾にそそぎこむティグリスとユーフラテスの両河にはさまれ、オリエント文明の母体でありつづけたメソポタミア地方までもがイスラム化されたのである。

アラブ人はペルシア人の首都を、自分たちの首都にする気になれなかったのであろうか。それとも、イスラムによる新しい帝国の首都は、新たに建設さるべきと考えたのか。紀元七六二年、これまではどの帝国も首都を置いていたクテシフォンを捨て、わずか四十キロしか離れていないとはいえ、バグダッドと名づけた新都を建設する。首都も、地中海に近いシリアのダマスカスから、メソポタミア地方はティグリス河の西岸に新たに建設したバグダッドに移されたのである。しかもこの間、二度にわたって、ビザンチン帝国の首都コンスタンティノープルにも攻撃をかけている。イスラムの勢力は、長くオリエントを支配してきたペルシア帝国を滅ぼしただけでなく、公式

紀元565年、ユスティニアヌス帝の死の年のビザンチン帝国(東ローマ帝国)

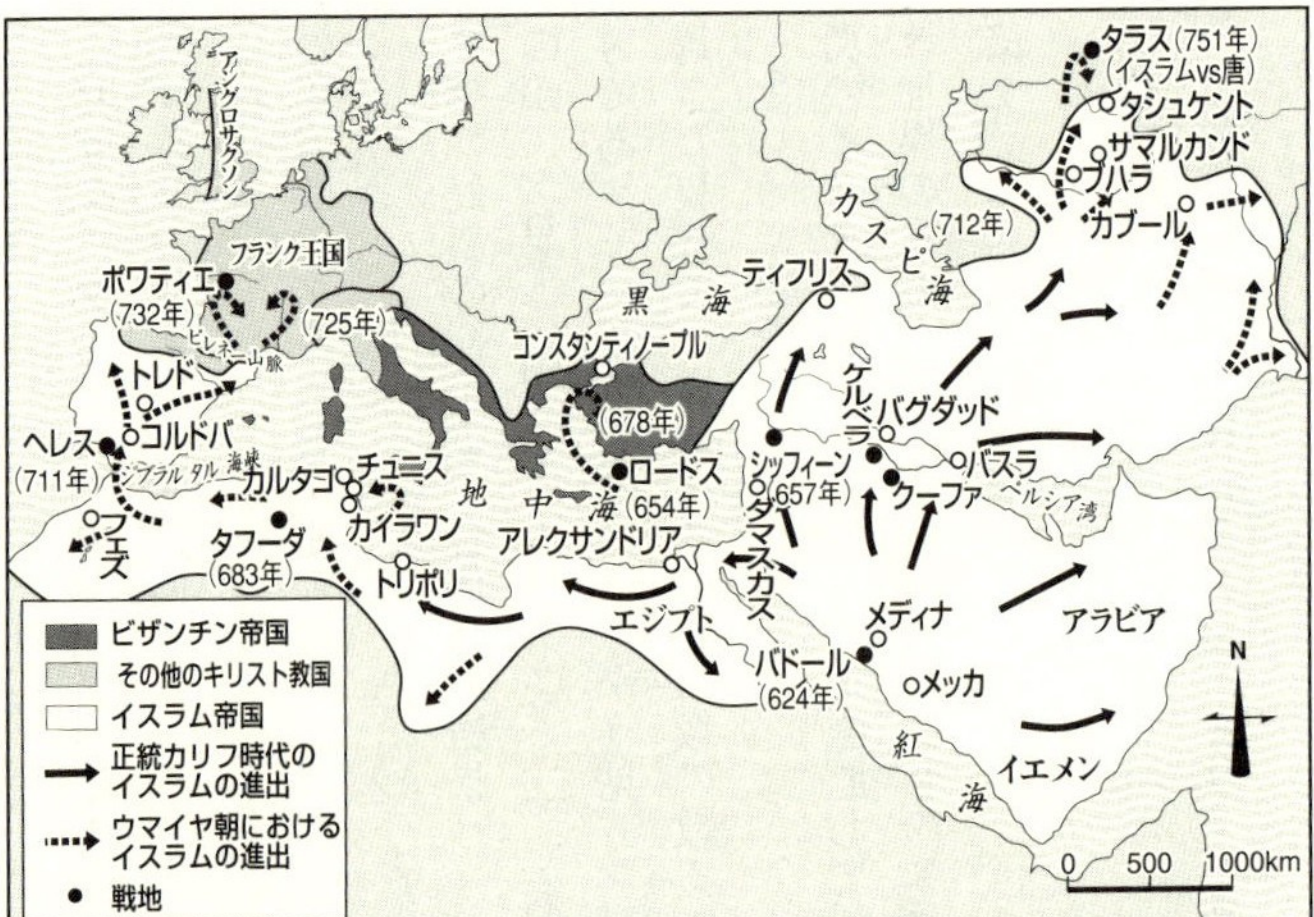

7、8世紀のイスラム化の波(A. Giardina, G. Sabbatucci, V. Vidotto 著 “Manuale di Storia” Vol.1: Ⅱ Medioevo より)

にはローマ帝国を名乗りつづけていたビザンチン帝国の、のど元に迫るまでに強大になったということであった。それもわずか、百年という短期間の間に。

このイスラム勢力圏の急速な拡大の要因は、ある歴史研究者によれば次の一事につきる。

「新興の宗教が常にもつ突進力と、アラブ民族の征服欲が合体した結果」

これをスローガン風に言い換えたのが、「右手に剣、左手にコーラン」であった。

しかしこれは、キリスト教側の見方であって、イスラム側はちがう見方をとる。彼らは、この時代からは一千三百年が過ぎた現代でもなお、イスラム教の教えの真正さに人々が感銘を受けたがゆえである、という見方をとっている。

とはいえ二十一世紀の現在では、真のイスラム教は暴力の行使を嫌悪《けんお》している、という論が、イスラム世界とキリスト教世界の双方から、両者の歩み寄りのスタート・ラインでもあるかのように言われることが多くなっている。

しかし、つい先頃までの長い歳月にわたって、現実はそうではなかった。

《戦いに行け、聖書の真の教えを誤って信仰している民（ユダヤ、キリスト教徒）に

向って》（コーラン第九章「悔い改めの章」29－30節）
《不信仰の徒に出会ったときは、大量の血を流させ、捕囚をつなぐ鎖を締めつけよ》
（同第四十七章「ムハンマドの章」4節）

キリスト教世界が「聖戦」を正当化するのは、中世も半ばに近づいてからだが、ローマ帝国後期に盛んになった帝国のキリスト教化でも、多くの面での「強制」はあったのだ。良い面であろうと悪い面であろうと、人間性の現実を直視する思想が復活してくるルネサンス時代、政治思想家のマキアヴェッリは、直接にはキリスト教もイスラム教も指してはいないが、次の一句を遺《のこ》している。

「武器を持たない預言者は自滅する」

いかに正しい教えを説く宗教であろうと、それを他者に強いる力《パワー》をもたなければ、宗教としても成功は望めない、ということである。

それに、宗教が、既成の世俗国家を乗っ取ったという点では似ているキリスト教とイスラム教だが、ローマ帝国の公認宗教になるのに三百年かかったキリスト教に比べて、イスラム教はこの面でも恵まれていた。

キリスト教の相手は強大で充分に機能していた元首政時代のローマ帝国だったが、

イスラム教が立ち向った時期のペルシア帝国もビザンチン帝国も弱体化していたからである。

ペルシア帝国は、北東からの蛮族の侵略とビザンチンとの間の終わりのない戦争で疲弊していたし、ビザンチン帝国のほうも似たような状態で、そのうえ、東方のキリスト教ならではの教理論争で、教会内でさえも分裂し、互いに憎悪し合っていたのである。

イエス・キリストは神か、それとも神性はそなえていても人間か、ということから発した論争なのだが、これによってビザンチン帝国の二大都市であるコンスタンティノープルとアレクサンドリアの司教同士が公然と敵対するほどであったのだ。ビザンチンはキリスト教帝国である。その国で司教同士が争うということは、一般の民衆にとっては、自分たちの指導者が敵対関係にある以上は自分たちも敵同士、ということになる。

アレクサンドリアがイスラム勢に占領されたとの報に、歓声をあげながら街にくり出したのは、コンスタンティノープルのキリスト教徒たちであったのだ。

帝国内部のこの分裂に加えて、ビザンチン帝国の特質の一つに、汚職と重税があった。悪政の要因がこうも重なっては、人々の間に不満が広まるのも当然である。イスラム教の浸透には、キリスト教のように三百年もの歳月は必要ではなかったのだ。絶望している人間は、容易にすがれる相手を見つけるものである。

しかし、深遠な教えは、心の中を清らかにし死後の安心を恵むかもしれないが、現に生きているこの世での行動に駆り立てるというたぐいの力《パワー》は与えない。具体的で現世的な利点が、えてして人間に、決定的な一歩を踏み出させるきっかけになる。

イスラム教徒になることの魅力は、複雑で重い税金に苦しんでいたビザンチン帝国のキリスト教徒たちにとっては、その悩みを一掃してくれると思えたのにちがいない。なにしろイスラム教徒になりさえすれば、これまではビザンチン帝国に払っていたような税は、払わなくてもよい、となったのだから。

サラセン人

二十一世紀の現代でも、リビアでもチュニジアでもアルジェリアでも、眼前に広がるのが太陽が降りそそぐおだやかな地中海であることでは変わりはない。事実、生活の道をヨーロッパの諸国、当面はイタリアやフランスやスペイン、に求めようとする難民たちが、法を犯してまでもゴムボートやぼろ舟に運を託して渡ってくる「道」にもなっている。今からならば一千三百年は昔になる八世紀でも、北アフリカを制圧し終わったサラセン人が、眼前に広がる地中海を、自分たちの行手を阻《はば》む「壁」としてではなく、自分たちの前に開かれた「道」と見たとしても、そのほうが自然であったのだった。

サラセン人とは、古代ギリシア語の「サラケノイ」(Sarakenoi)に由来しており、ローマ人も「サラケーニ」(Saraceni)と呼んでいたから、古代から知られていたのだ。ただしこの呼び名はアラブ人全体を指しての名称ではなく、アラブ民族の一部で、砂漠に住むベドウィンを指す名であったらしい。

古代のサラセン人は、砂漠の舟でもあるラクダに乗って行き来する隊商を襲って積み荷を奪うか、でなければ保護料ということでの通行料を払わせるのを生業《なりわい》としていたが、帝国後期のローマ軍では傭兵《ようへい》として参戦することもあった。ローマ帝国最後の歴史家とされるアミアヌス・マルケリヌスによれば、「ハドリアノポリスの戦闘」の名で知られた紀元三七八年に行われた戦闘では、ローマ軍は北方蛮族相手に皇帝までも戦死したほどの大敗を喫したのだが、このときの戦場で、ローマ側にあって大健闘したのがサラセンの兵士たちであったという。この当時は、サラセン人も西欧側に立って闘っていたのである。
このとき以降、サラセン人の名は歴史から姿を消す。彼らが歴史上に再び姿を現わすのは、その二百年後、預言者マホメッドによってであった。その後もイスラム化の波が押し寄せた地方ではどこでも彼らが先兵役を務めたようだが、とくに北アフリカを制圧したイスラム教徒のアラブ人を、彼らとは地中海をはさんで向い合うことになってしまったキリスト教世界の住人たちは、「サラセン人」と呼ぶようになる。古代の頃の呼び名を思い出したのかもしれない。だがこうして、中世の一千年もの長い歳月、イスラム教徒全体の呼称として、「サラセン人」が定着したのである。

海に出て行くことで生活の糧《かて》を得ようと思うならば、選択の道は二つしかなかった。交易か、海賊か、である。保存の方法といっても乾燥か塩漬けしかなかった時代、漁業は選択肢には入らなかった。古代ローマでは盛んに行われていた牡蠣《かき》の養殖も大規模で本格的な魚の生簀《いけす》も、中世人は知らないで過ごす。技術が忘れ去られたのではない。じっくりと腰をすえて取り組む必要がある産業には、農業がその典型だが、平和と安全が保障されることが最重要の条件になる。中世は、それが保障されなくなった時代であった。

また、海に出て行かなくても生活が成り立つならば、自ら進んで波や風に命を託す者はいない。古代の北アフリカはローマ帝国の穀倉といわれていたほどで、現代からは想像もできないくらいに緑豊かな耕作地帯だった。だがそれも、過去になって久しい。平和と安全が失われてしまったことに加えて、帝国滅亡後の北アフリカでは住人の大半が、帝国時代とは異なる民族で占められるようになっていたからである。流浪《るろう》の民であり砂漠の民である歴史が長かったアラブ人やベルベル人、そして、長くローマ帝国の民でありながら農耕民族とはとても言えなかったムーア人である。いずれも、日々の畑仕事の末にようやく収穫を期待できる耕作には、伝統的にも歴史的にも縁の薄かった民族であった。

この人々が、常ならば波静かで陽光が惜しみなく降りそそぐ地中海の南に広がる地方の、「主人」になったのである。手っ取り早く利益を手にできる海賊業が、より魅力的に見えたとしても当然だ。それに彼らの新しい宗教は、異教徒に害を与える行為を正当化していたのである。

イスラム教徒にとっては、国家とか民族とか人種は問題ではなく、真に重要なことは、イスラム教を信仰しているか否《いな》か、なのである。ここまではキリスト教も同じなのだが、ここから後がイスラム的になる。つまり、彼らの考えでは、世界には「イスラムの家」と「戦争の家」の二つしかなく、「イスラムの家」に属す者の責務は、その外側にある「戦争の家」に行って闘って勝利し、それによって「イスラムの家」を拡大していくことにあった。

キリスト教徒が、イエスの教えを広めることを重要視していなかったのではない。それどころか最重要視しており、この点が、母胎であったユダヤ教との大きなちがいだった。しかし、教えを広める行為である「布教」は、司教や司祭のような教会専従者に課された責務であって、信徒一人一人の責務とまではされていなかったのである。これとは反対にイスラム教では、一般の信徒にとっても責務であったようだ。これではイスラム教徒にとって、異教徒への単なる敵対行為でも「聖戦」（ジハード）に結びつくのは、コーランを唯一《ゆいいつ》の導きの書と信ずる以上、実に自然な方向ではなかったか。だがこれによって、海賊の意味も変わっていくのである。

海賊

キリスト教世界に向けられたイスラム教徒の海賊の来襲の最初は、紀元六五二年だとされている。エジプトのアレクサンドリアを発《た》ったイスラム船がシチリア島最大の都市であるシラクサを襲い、破壊し略奪し、八百人もの男女を拉致《らち》し、アレクサンドリアの奴隷《どれい》市場で売り払ったのが、その後一千年以上にもわたって地中海を荒らしまわることになる、サラセンの海賊の最初だと言うのだ。

だがこれは、偶発事ではなかったかと思う。地中海は、いかに広くても内海なので、風の方向が変わりやすい。練達の船乗りでも常に、漂流の危険にさらされている。地中海の東に位置するアレクサンドリアから西にあるシラクサまで、海賊をするためだけにわざわざ遠路を来るというのもうなずけない。また、略奪した物と人を満載しての帰途は、北アフリカのどこにも立ち寄らず、アレクサンドリアまで直行している。夏の地中海は西風が強く吹く日が多いので、それに一気に乗ったのだろうが、北アフリカはこの時期、船倉にキリスト教徒の拉致者を詰めこんだイスラムの船が、安心して立ち寄れる状態にはなっていなかった。トリポリを陥《お》としてリビアまでは制覇していたが、チュニジアまでのイスラム化はいまだ進行の途上にあったのだ。北アフリカの要《かなめ》である海港都市カルタゴがイスラムの軍門に下ったのは、紀元六九八年になってからである。

つまり、中世を通してアルジェリアと並ぶサラセンの海賊の一大基地になるチュニジアの完全イスラム化は、七世紀の末になって完了したということであった。これが、七世紀半ばのシラクサ襲撃事件から実に五十年もの間、キリスト教圏にイスラムの海賊が襲ってこなかった理由ではないかと思う。海上交易には、交易路に沿って連なる基地《ベース》が必要不可欠だが、海賊業にも、何かあれば容易に立ち寄れる距離に基地が必要なのである。なぜかは後に詳述するが、いかに宗教上の情熱に駆られようと、どこにも寄港せずに往復するのでは、エジプトとシチリアの間は遠すぎたのだった。

しかし、この偶発事は一つのことを示している。砂漠の民であったアラブ人でも、海洋民族であるオリエント在住のギリシア人を使える立場になれば、地中海の往来でも可能になる、というのがそれであった。

紀元七〇〇年、ランペドゥーザとパンテレリアの二つの島がつづけて、サラセンの

南イタリア、シチリア、および北アフリカ

海賊に襲われた。小さなこの二島は、現代ではイタリア領だが、当時ではシチリアと同じく、ビザンチン帝国に属していた。二年前にカルタゴがイスラムの軍門に下った際に逃げ出した人々が移り住んでいたのだが、キリスト教徒であるこの人々の全員が殺され、それでできた空間は、イスラム化したばかりの北アフリカから来た人々で埋められた。今では観光地になっていても当時は産業もほとんどない小さな島のこと、寄港地の確保だけを考えての征服であったろう。

それに、この時期の北アフリカの〝首都〟は、チュニジア内にはあっても海に沿うカルタゴやチュニスではなく、中東のバグダッドと同じ考えでアラブ人がわざわざ新しく建設した、カイラワン（Kairouan）である。
この街は、オリエントから赴任してきた「地方長官」（amir）が治めていた。チュニスからは南に百五十キロ、最寄りの海岸からも五十キロという内陸の地に建設したのは、当時のアラブ人が地中海を充分に知らなかったことを示している。だがこのカイラワンから海に出ればまずぶつかるのが、ランペドゥーザの島であり、そのすぐ北にあるのが、パンテレリアの島なのであった。この両島の攻略がまず先に成されたのには、右の事情があったのだ。なぜなら、チュニスやカルタゴのような沿海都市から海に出るのならば、その向うに立ちふさがるのはランペドゥーザやパンテレリアではなく、地中海最大の島のシチリアそのものであったのだから。

ゆえに、これより始まるキリスト教世界へのサラセンの海賊の襲撃は、カイラワンから発とうがチュニスから出港しようが、地中海最大の島であるシチリアが当面の標的になる。それは、イスラム勢がジブラルタル海峡を渡ってスペインに進攻する以前、アルジェリアやモロッコのイスラム化が完了していないにかかわらず、それ以前に早くも決行されたということになる。わずか百年という短期間で進んだイスラム勢力の急激な拡大の要因の一つは、「速攻」にあった。制覇した地への支配権の確立は後まわしにしても、攻勢に次ぐ攻勢を優先したのではないか、とさえ思える。

紀元七〇四年、ジブラルタル海峡をイスラムの戦士たちが大挙して渡ることになる六年前、カイラワンの地方長官《アミール》のムーサーが「ジハード」（聖戦）を宣言した。その夏、長官自ら率いる一千のイスラム兵がシチリアの南岸に上陸し、殺戮《さつりく》し略奪した後で再び船に乗り、カイラワンに凱旋《がいせん》する。このときの略奪品を売り払って得た収益を参加者全員に分配したら、一人当りディナール金貨百枚にもなったという。イスラム教徒にとってのキリスト教世界は、殺すことさえ許されている異教徒が住んでいるというだけでなく、手っ取り早い利益も期待できる地であることもわかったのだった。

この前後から、北アフリカに住むイスラム教徒、つまりサラセン人は、キリスト教圏に住む人々を「ルーミ」（rumi）と呼ぶようになる。「ローマ人」という意味だ。そして当時のローマ人は全員がキリスト教徒であったから、イスラム教徒にしてみれば、「ルーミ」とはイコール・キリスト教徒、つまり不信仰の徒、になるのであった。

紀元七〇五年、前年の成功に気を良くしたのか、カイラワンからは再び海賊たちが発つ。今度はいきなりシラクサを襲った。シラクサが、アルキメデスが活躍した古代

カイラワンの大モスク

から重要な都市であり、ビザンチン帝国領になってからもシチリアの首都になっていた理由の一つは、その堅固な守りにある。ここを一千程度の兵力で襲撃したのは、征服を意図してのことではないのは明らかだ。目的は、攪乱《かくらん》することにあったのだから。

事実、防衛が万全の都市部には攻撃をかけず、荒らしまわったのは市壁の外側に広がる郊外だった。中世の海賊は、後方攪乱作戦の役割としても適していたことがわかる。略奪され焼打ちされ住民を連れ去られることが重なれば、誰だって恐怖におびえるようになるのは当然だ。また、周辺地域に被害が続出するようになっては、農耕の生産性は落ち、物産の都市への流通もスムーズに行かなくなり、少しずつ、しかし確実に、大都市の首を絞めていくことにもつながるのだった。

しかし、この七〇五年のシラクサ襲撃を最後にそれ以降の十五年間というもの、サラセン人によるシチリア島への攻勢は、まるで風がハタと止まりでもしたかのように行われなくなる。この時代のイスラム勢の進攻に次ぐ進攻はアラーの神のおかげと信じているアラブ側の年代記作者は、逐一それを踊るような筆致で記録してくれたから後世にも遺《のこ》ったのだが、この十五年間にかぎってそれが一件もない。七一〇年から始まった、ジブラルタル海峡を越えてのスペイン征服行に、北アフリカのアラブ勢のエネルギーが集中していたからではないかと思う。だが問題は、もう一つあった。

「イスラムの家」拡大の使命をもって北アフリカの全域をイスラム化したアラブ人と、彼らに征服されてイスラム教徒になった、北アフリカの原住民であるムーア人やベルベル人の間が険悪化したのである。

八世紀の時点でのイスラム教では、〝オリジナル〟と呼んでもよい感じのアラビア半島生れのイスラム教徒と、それ以外の土地の住民でアラブ人による征服後に改宗した者を、同格とは見てはいなかった。彼ら自身が、「原イスラム教徒」「新イスラム教徒」と分けて呼んでいた。コーランの教えを一般の信者に説き明かすのが使命の導師も、「原イスラム教徒」の出身者と決まっていた。実際、今なおコーランの言語はアラビア語である。

しかし、もう一つ、原イスラム教徒と新イスラム教徒を分けていたことがあった。前者は、それこそ「イスラムの戦士」の名のとおりに、「イスラムの家」拡大のための戦闘に参加する責務を負う人々だが、その戦闘に勝って獲得した土地や物や人を我がものにする権利も有する。平たく言えば、戦利物の分配にあずかれるというわけだ。

一方、「新イスラム教徒」となると、イスラムの家の拡大戦争に参加する資格はない以上、戦利品の分配にもあずかれない。イスラムの戦士たちにしてみれば、この人々には農耕や手工業や商業に従事してもらいたかったのだろうが、北アフリカの住人でイスラム化したのは、ローマ帝国の時代からそのような仕事が得意でなかった、ムーア人やベルベル人である。その彼らが、眼前で展開される海賊業の収益の良さに、黙ってはいなくなったのではないかと思う。そして、ちょうど時期も、イスラムの戦士の多くがスペイン征服行に集中し始めた時期と重なった。

厳しい環境で生きる民族は、多産系ではない。ゆえに人口が少ない。アラビア半島の出身者であるオリジナル・アラブの泣きどころは、人口の少なさにあったのではないかと思う。右手に剣、左手にコーランも、戦士階級の減少というリスクとは無縁ではなかった。

結局、妥協したのは「原イスラム」のほうであったようだ。海賊行が、原イスラム教徒と新イスラム教徒の共存共栄にも、適していることに気づいたのかもしれない。

事業とは、それが何であれ、参加者の全員が、欲しているものが得られると思えた場合に成功し、しかも長つづきする。利害が一致した場合は成功しその成功も長つづきするというわけだが、北アフリカのイスラム世界にとっての海賊行は、この〝幸いなるケース〟になった。原イスラム教徒には聖戦の遂行という満足をもたらし、彼らほどは信仰心に燃えていない新イスラム教徒にも、手っとり早く得られる富をもたらしたからである。

紀元七二五年になって、海賊行は再開された。もはやこの頃になると、聖戦を旗印にした海賊行でも、イスラムの教えの拡大への想《おも》いをこめてアラブ人が建設した、カイラワンから発つことはなくなった。また、原イスラム教徒であったにちがいない

「地方長官《アミール》」が、自ら率いることもまれになる。これ以降の出港地はいずれも地中海に面した港町で、その多くは古代から海港都市として知られた港である。海に出ていくからには、海岸線からは五十キロも内陸に位置するカイラワンよりも、家を出ればそこはすでに海、という港町からのほうが利に適《かな》っていたからだろう。この点でも、以後の海賊行の直接の担《にな》い手が、原イスラムから新イスラムに移っていったのではないかと想像する。そして、いつ頃からかはっきりしないのだが、海賊行によって得た収益の分配方法も決められた。

収益の五分の一は「地方長官《アミール》」に上納し、残りの五分の四は、船主と船長と船員たちで分配される、がそれであった。

拉致

しかし、新しいシステムが初めから充分に機能する例はほとんどない。紀元七二五年に行われた海賊行は、シチリアの海岸に上陸することさえできなかったという、大失敗に終わった。嵐《あらし》にほんろうされ、友船同士で激突し、帰り着いたほんのわずかを除けば、ほぼ全員が海底に消えたのである。信仰に燃え、嵐を突いてでも前進すべしと主張する原イスラム教徒と、北アフリカに長く住むがゆえに地中海を知り、ここは引き返すのが安全だと主張する新イスラム教徒の意見が、対立したのかもしれなかった。シチリアの海岸に流れついた遺体のいくつかは、胸にコーランを強く抱きしめていたそうである。

翌年になって行われた海賊行も、シチリアの土を踏むこともなく終わったことでは同じだった。だが、その次の年、紀元七二七年に行われた海賊行は、シチリアの南岸一帯を荒らしまわって得た略奪品と拉致した人々を満載して凱旋したのである。港に入ってきた海賊船の帆柱高く、緑の地に白くコーランの言葉を染め抜いたイスラムの旗がひるがえっていた。

海賊に拉致されて北アフリカに連れてこられたシチリアの住人たちは、迎え撃って一敗地にまみれた敗者ではないから捕虜ではない。だが、聖戦を旗印にするイスラムの海賊から見れば敗者であり、それゆえに勝者がどのように処分しようとかまわない戦利品なのである。また、これに加えて、キリスト教という、イスラムにすれば「誤った教え」を信ずる人々であった。イスラム教では、ユダヤ教もキリスト教も先行宗教ということならば認めていたが、真の道からはずれたことで宗教としては堕落した、と断じていたからである。

これがイスラムのキリスト教観ならば、拉致された者には奴隷しか行き先がない。キリスト教圏から拉致されてきたのが男ならば、次の運命が待っていた。

一、海賊船を始めとするイスラム船の漕《こ》ぎ手。

帆と櫂《かい》で動くガレー船では、櫂はモーターの役割を負う。風が止まったり弱いとき、反対に、風が強すぎて帆を使えないときや港への出入り時にも効力を発揮する。その漕ぎ手が奴隷であれば、鎖につながれた状態で漕ぐのだった。

二、聖戦が進行中のイベリア半島での、イスラム軍への参加。

ただし、兵士として参戦する者には、イスラム教への改宗が強制された。聖戦である以上、イスラム軍にはイスラム教徒しか参戦を許されていなかったのだ。

三、奴隷市場で売りに出され、買った人の下で奴隷としての生涯を終える。

四、なぜか「浴場《バーニョ》」と呼ばれた強制収容所に入れられ、使役に使いたいと思うイスラム教徒から選ばれるのを待つ。もちろん、傭《やと》い料は極端に低い、低賃金労働者としてである。しかしそれも、「浴場」の管理人にとりあげられるのが常で、代わりにわずかな食が与えられるだけであった。朝に「浴場」を出て重労働の一日を経て夕暮時にもどってくるのが、この種の人々の生活であった。

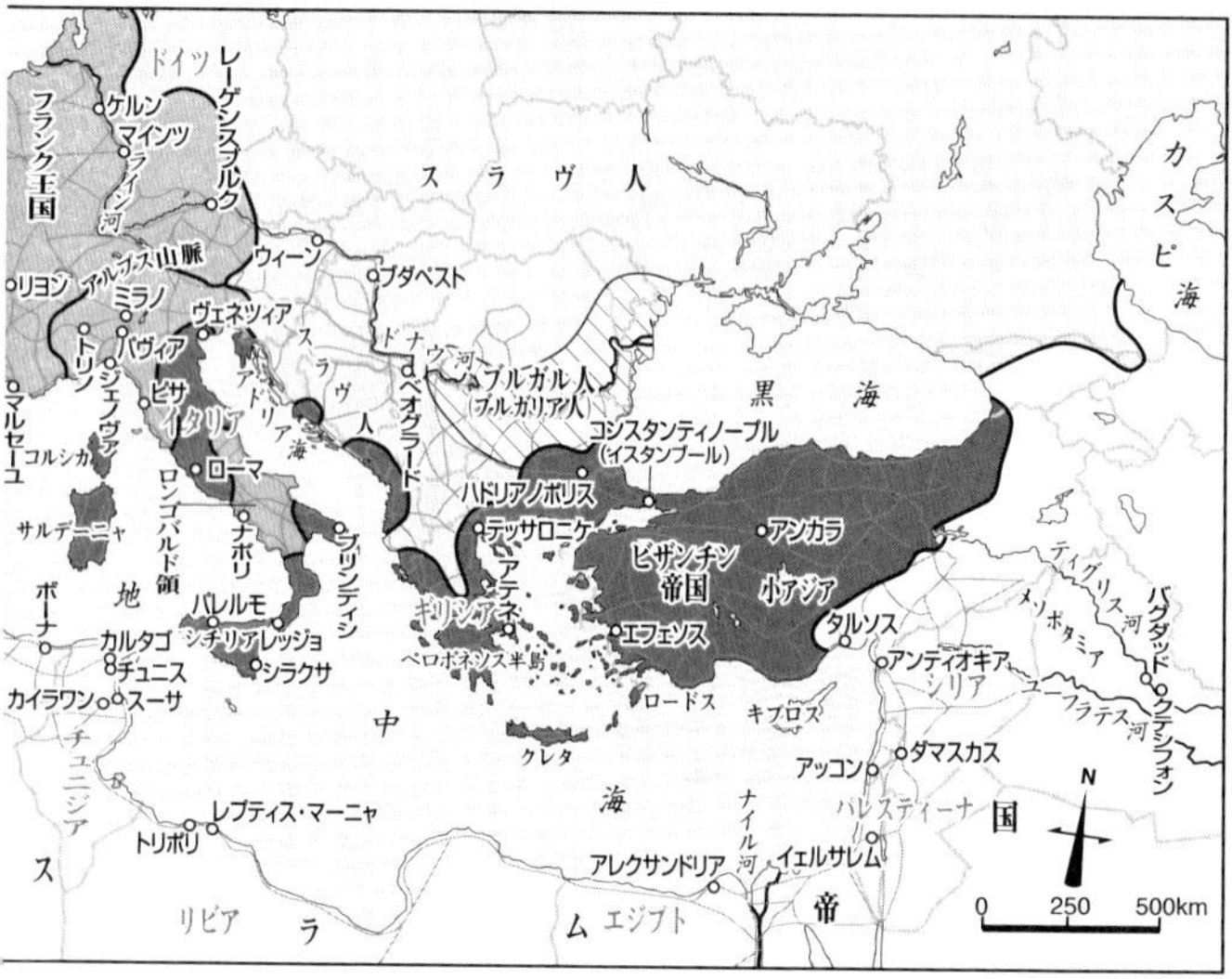

8世紀前半の地中海世界

拉致者が女であれば、そのほとんどは奴隷市場で売りに出された。しかし、買われた末の奴隷としての日々では男たちと変わりはなくても、イスラム教への改宗を強いられる率は断じて高かった。イスラム教では、異教徒と性関係を持つことは禁じられていたからである。

紀元七二七年の大成功は、それにつづくいくつもの海賊行を生み出した。現代の国別ならばリビアやチュニジアやアルジェリアやモロッコになる北アフリカ西域一帯の海港では、鉄の鎖につながれた

キリスト教徒の奴隷の姿が見慣れた風景になりつつあった。

これに準じて、その当時は海賊の襲来を一身に受けていた感じのシチリアでは、人々の恐怖が天井知らずに高まる。彼らの頭の中には、

北アフリカに住むイスラム教徒＝サラセン人＝海賊

の図式が彫りこまれるのもこの頃に始まる。だが、この人々の安全を守るのが任務のビザンチン帝国は、断固とした迎撃に出てこなかった。

出られなかった、と言ったほうが当っているかもしれない。八世紀前半のビザンチン帝国は、シリア、エジプト、北アフリカという帝国内では最も富裕な地方をイスラム勢にもぎ取られただけでなく、小アジアにも侵入され、三重の城壁で守られている首都のコンスタンティノープルまでがしばしばおびやかされる状態にあったのだ。そのうえ西方では、新たな北方蛮族としてもよいスラヴ人やブルガリア人の侵入を押さ

えかねていた。ビザンチン帝国の領土である以上はビザンチン側に安全保障の義務がある南イタリアやシチリアにさえも、本格的な軍勢を送る余裕はなかったのである。

だが、自国民の安全を保障できないようでは、統治者としては失格だ。道義上の問題では済まず、絶望した人々を敵方に走らせることにもなりかねない。また、ビザンチン帝国に残された後背地のギリシアと比べて、南イタリアやシチリアは豊かだった。

さらなる進出

蛮族は、ヨーロッパの北から南下してきたのである。イタリア半島でも、蛮族を迎え撃ったローマ帝国の軍との戦場は、いきおい北イタリアになった。そして、勝って居坐《いすわ》る蛮族に耕地の三分の一を提供するということで成り立った蛮族とローマ人の共生時代、北方の民である蛮族が好んだ土地はやはり北伊で、南伊やシチリアは事実上このシステムの圏外に置かれていたのである。この後に、ビザンチン皇帝ユスティニアヌス配下の将軍べリサリウスによる、ゴート戦争がつづく。北伊と中伊を荒廃しつくした長期にわたったこの戦役の間も、南伊とシチリアは戦場にもならず、それゆえに荒廃からまぬがれることができた。

しかし、豊かとは言っても、それはあくまでも、北伊や中伊と比較しての話である。ローマ帝国が健在であった時代の、南イタリアやシチリアにもどれたわけではなかった。だが、古代のローマ式のヴィラという、大規模農業の生産システムの残影は、中世に入った初めの時期にはまだ残っていたのである。ビザンチンの皇帝にすればこの南伊とシチリアは、かなりの税収を見こめる地域だったのだ。コンスタンティノープルから派遣されて来る総督は、シチリア島の首都だったシラクサの官邸で辺境勤務を嘆いているのが常だったが、この総督の主な仕事は税金の徴収であった。

おそらく、いやほぼ確実に、サラセンの海賊の標的にされたシチリア島民の窮状は、総督から皇帝に報告されていたにちがいない。だが帝国には、大規模な軍を送る余裕はない。窮状の訴えに対しても、シラクサを守る防衛兵を迎撃にまわせとの指令ぐらいしか、出さなかったのではないかと思う。事実、翌七二八年、例によってチュニス港を発ってシチリアに向い、島の南岸一帯を荒らしまわっていたサラセンの海賊七百人を迎え撃ったのはよいが、敵に損失を与えるどころか簡単に蹴散《けち》らされ、ほうほうの体《てい》でシラクサに逃げもどっている。サラセン側に、ビザンチンの正規軍を逃走させたという自信を与えただけであった。

しかし、イスラム側のほうも、すべてがうまく行っていたのではない。着実に戦果を積み上げていくという考え方は、サラセン人にはもともとからして、不得手であったのかもしれなかった。

ビザンチン兵に勝ったのに気を良くしすぎたのか、その次の年にはあちこちから集めた百八十隻《せき》もで船団を組み、今回は小規模の町や村を襲うのでは満足せず、海沿いでも城壁をめぐらせた豊かな町の攻略という目標をかかげて、チュニスから出港したのである。

百八十隻とは大型艦隊の規模だが、サラセンの海賊が常用する船はガレー船の中でも最も小型で、「フスタ」(fusta)と呼ばれる。帆柱は一本、船の長さと同じくらいに大きい帆はガレー船の常で三角帆。漕ぎ手は十六人から二十人。小型の快速ガレー軍船、と言ったところだ。船乗りと漕ぎ手に戦闘要員を合わせても、四十人が乗員の限度である以上、百八十隻でも、戦闘に使える者の数ならば二千人を越えなかったろう。前年にビザンチン兵を蹴散らした数の三倍にも満たない兵力で守りの固い都市を狙《ねら》ったのだから、大胆というよりも無謀だった。

城壁をめぐらせた都市の攻防戦は、長期にわたるのを覚悟しなければならない。守る側は、兵力では劣勢でもその活用しだいで長期間の防衛も可能だが、攻めるほうはそれをはるかに上まわる兵力を投入する必要がある。

また、兵糧《ひょうろう》確保の問題がある。防衛側は常にある程度の食糧は貯蔵しているものだが、攻める側は、外部からの補給に頼るしかない。都市の攻撃には防衛側をはるかに上まわる兵力を投入する必要があるのは、攻撃をつづけている一方で、後背地に兵を送り食糧の調達、この場合は強奪、をするための人員までも計算に入れておく必要があるからだ。この余裕までない場合は、全盛期のローマ軍が行っていたように、後方基地との間に補給路を確保し、それが常に機能している状態を維持しつづけねばならない。紀元七二九年の攻略戦は、これらの諸条件の一つとして満たしていなかった。いや、これ以降もサラセン人は、この種の総合戦略が欠如している場合が多く、民族の特質ではないかとさえ思う。

海上に百八十隻を並べての威嚇《いかく》も、住民たちに効果があったのは初めのうちだけだった。サラセン軍の実態が明らかになるにつれて防衛側も自信をつけたのか、徹底抗戦の気がまえで対するようになる。防戦も、しぶとくなる一方だった。夏のうちに始まったにかかわらず、攻防戦は一進一退をつづけているうちに冬が近づいてきた。南国シチリアでも、マエストラーレと呼ばれる北西風が吹きつける冬はやはり厳しい。もともとからして長期の攻防戦が得意でないサラセン人は、ここは撤退して来春を期すと決めたのである。

ところが、冬の地中海は、彼らにも優しくはなかった。帰途に、猛烈な嵐に出会ってしまったのだ。百八十隻のうちの百六十三隻までが、乗っていた人々もろとも沈没した。チュニスのある南西にもどらねばならないところを南に流され、リビアのトリポリに流れついたのはわずかに十七隻。司令官だったアル・ムスタニルは、この十七隻の一隻に乗っていて助かった。

サラセンの海賊行としては、初めての大失敗である。惨状は早速、トリポリの地方長官《アミール》からチュニスの地方長官《アミール》に知らされた。これを受けたチュニスの地方長官《アミール》からは、ただちに送れ、との命令が届く。

チュニスに連行されたアル・ムスタニルは、無能力と臆病《おくびょう》によってアラーの戦士たちを多量に死なせたとの理由で有罪を宣告された。まず初めは、血が流れ出るのも容赦せずに鞭《むち》で打たれた。次いでろばの背にくくりつけられて町中を引きまわされ、その後で牢獄《ろうごく》に放りこまれた。だが、これで終わりではなかった。牢獄の内庭に引き出されては棍棒《こんぼう》でなぐりつけられる日がつづいたのだが、数日後の朝、今日もまた内庭に引き出そうと牢の鍵《かぎ》を開けた兵士は、息をしていない元司令官を見出《みいだ》した。

しかし、一度の痛打を浴びたくらいでは、サラセン人が断念するはずもなかったのである。この三年後の紀元七三二年、ピレネー山脈を越えてフランスに攻め入ったアラーの戦士たちは、迎え撃ったフランク王国の軍に、ポワティエの近郊で完敗を喫している。おかげで二十年という短い期間でイベリア半島を征服したイスラム勢も、ピレネー山脈の南側で我慢せざるをえないことになった。だがこれは、陸伝いのヨーロッパ征服を今のところは断念する以上、海伝いのヨーロッパ征服により意欲的になることを意味したのである。

標的にされたシチリアの住民にとっては、アラブ人の年代記作者でさえも、「多すぎていちいち記録していられない」と書くほどの災難がつづく時代になったということであった。サラセン人のほうも、城壁をめぐらせた都市の攻略などという、高望みはやめたようである。「フスタ」の十隻程度で小規模な船団を組み、出かけて行っては奪い、奪い取った後はそのまま帰って来る、をくり返す戦法に変えたのだった。

　この戦法は、サラセンの海賊には適していた。着いた先で奪うのだから、水も食糧も行きに必要な分だけを積めばよい。現代のレース用のヨットと同じで、必要最小限なものしか積みこまないのだから、船は当然軽くなる。しかも船は、水や風の抵抗の少ない小型ガレー船である。そのうえ、速いだけでなく少数の船だけで行動するので、住民に気づかれる率も低くなる。風の如《ごと》く海から襲って来ては略奪し拉致し、風の如く海の彼方《かなた》に消える。これが、南の島シチリアの、夏の恒例行事のようになった。


　サラセンの海賊の標的にされたのは、地中海最大とはいえ島ではあるシチリアだけでは済まなかった。海賊行が回を増せば当然のことでもあるのだが、このシチリアとは目と鼻の先と言ってもよいイタリア半島の南一帯にも、サラセンの海賊が出没するようになった。そして、南フランスを地中海側から攻めようとして失敗したイスラム船が、帰途に漂着したことで利用価値に目覚めたのが、西地中海の中央に浮ぶサルデーニャとコルシカの二島である。

　この二島は古代にはシチリアほどには繁栄していなかったので、ローマ帝国時代のストックが少ないとでも言うか、中世に入ってもシチリアのように豊かではない。だ

「右手に剣、左手にコーラン」を持つアラーの戦士

が、海に面して点在する砂浜と断崖《だんがい》に口を開いた洞窟《どうくつ》に恵まれており、新鮮な水と当面の食の補給はできた。略奪行の後で海賊たちが、母港にもどる前に一息入れる地としては最適であったのだ。それに、売ればディナール金貨を多量に手にできるほどの略奪品はなくても、住民ならばいる。この時期のイスラム勢は労働力を獲得する目的で拉致していたのだから、この面でも利用価値はあったのだ。実際にこの情報を知った同じ年に早くも、チュニジアを出てシチリアを襲った海賊船団が、常のよ

うにUターンしないでそのまま北上をつづけ、サルデーニャまで足を延ばしている。シチリアのみでなく、南伊もサルデーニャもコルシカも、サラセンの海賊の視界に入ったということであった。イタリア半島の西側の海はティレニア海と呼ばれているが、そのティレニア海までが安全でなくなったのである。

そして、出ていく海域が広くなれば、それに応じて船も、より堅固に作る必要があり、数もより多く作る必要がある。行動範囲が広くなれば、嵐を始めとするリスクも多くなるからだ。紀元七三四年、と言えばポワティエの敗戦のわずか二年後だが、「地方長官《アミール》」の命令でチュニスに、北アフリカがイスラム化して以後初めての造船所が建設された。「地方長官《アミール》」の命で建設されたからには、私営ではなく公営の施設である。八世紀前半のこの時期、キリスト教世界のどこにもこの種の施設はなかった。船を造ったり修理する施設ならばあったが、それも小規模で、現代ならばどの町にもある自動車やオートバイの修理場の水準でしかなかったのである。ローマ帝国が機能していた時代には海港には必ず附属して造船所があったが、そこも今では崩れ果て、雑草が繁《しげ》るだけの廃墟《はいきょ》に変わっている。港も河から流れてくる土砂に埋まるにまかせていたのだから、造船所が廃墟と化すのも当然だった。

それなのに地中海の向う側では、船を建造する槌音《つちおと》が高く元気よく響き始めたのだ。

「暗黒」の中世

「中世」とは後代の学者たちがつけた名称で、一応は、西ローマ帝国が滅亡した紀元四七六年から、ジェノヴァ出身のイタリア人であるコロンブスがアメリカ大陸を発見した、一四九二年までの時代としている。

だが、古代からルネサンス時代までの「中間期」とは言っても、実際は一千年にわたる長い歳月なので、通常はこの一千年間を、紀元一〇〇〇年が境という感じで、「中世前期」と「中世後期」に二分する。この説に従えば、「中世前期」の地中海を我がもの顔で航行していたのは、キリスト教徒ではなくてイスラム教徒であった。

文化文明の面で、どちらが優れどちらが劣っていたかの議論はしたくない。だが、自らの持つ力を最大限に活用することによる向上への意欲ということならば、「中世前期」は、絶対にイスラム側が優れていたのである。ただしそれが、海賊業に向けられてしまったのが、的にされたキリスト教世界の住人にとっては不幸であったのだが。

この状態で、地中海世界は八世紀後半に入った。あい変わらず、快速の小型ガレー船を操っての小規模海賊船団による、シチリアと南イタリアの沿岸一帯への来襲が夏の恒例行事でありつづけたが、この時期ともなると、サルデーニャやコルシカを足場にするのが通常になり、これによって中部イタリアまでが、海賊とは無縁でいられなくなったのである。

「カンパーニア」地方の中心はナポリであり、「ラツィオ」地方の中心はローマである。イスラム勢力は、中伊にまで深く潜入し始めたばかりでなく、キリスト教世界にとって本山である、「神の代理人」のローマ法王のおひざ元にまで、手を伸ばしてきたということであった。この時期、海賊たちの根拠地は、チュニジアから東にはリビアへ、西にはアルジェリアへと、地中海沿岸の良港という良港すべてに及んでくる。

ビザンチン帝国は、このイスラム勢の攻勢に対して、いっこうに本格的な迎撃戦を挑もうとしなかった。時折、申しわけのように軍船団を送ってきたが、そのどれもがサラセンの海賊に痛手を与えることさえもできないで退散している。絶望したシチリアの総督は、チュニスの「アミール」をカネで買収して平和を買おうとしたが、チュニスにかぎらずどこの「アミール」も、カネだけはもらっても実行には動かなかった。たとえダマスカスから赴任してきている「地方長官《アミール》」に約束を守る意志があったとしても、実際に海賊行に出る者たちからの反対を押しきれなかったのだ。この頃はまだ「地方長官」はアラブ人でつづいていたらしいのだが、このイスラム教の本家の出に、征服されてイスラムに改宗したムーア人やベルベル人たちが、海賊業まで統制されるのを嫌ったからである。海賊業も、原イスラム教徒にとっては聖戦だったが、新イスラム教徒にとっては、聖戦という大義名分を旗印にした産業、つまりビジネス、になっていたからであった。

ときに二、三年、海賊船の姿を見ない期間があった。キリスト教徒たちにとってはほっと安堵《あんど》する期間だったが、地中海の向う側では、しばしば勃発《ぼっぱつ》する、外来のアラブ人と現地人のムーア人やベルベル人の衝突が、そのときも起っていたのである。キリスト教徒たちは彼らを一緒にして「サラセン人」と呼んでいたが、そのサラセン人の内部は、完全にまとまっていたのではなかったのだった。

だがこの〝休戦〟も、長くはつづかなかった。海賊業は、聖戦と名づけられていても、内実はビジネスになっていたからだ。それで、しばらく休業した後の海賊の来襲は、休業していた間の収入減を取りもどそうと考えているのかと思うほどに、略奪も焼き打ちも拉致も徹底して行われた。

拉致してきた人を、その人物の占める社会的な地位や経済力によって、分類することも始まる。奴隷《どれい》市場で売り出したり奴隷として死ぬまで酷使することの他に、拉致にも、身代金《みのしろきん》目当てという新分野が開拓されたからであった。

そして、身代金目当てという新分野の対象にされたのは、個人としての人間だけではなかった。都市全体も対象になる。もはや堅固な城壁で守られた海港都市を、わざわざ長期にわたる苦労までして攻めることもなかった。周辺一帯を荒らしまわることで都市が悲鳴をあげる頃を見計らって、引き揚げることを条件に代償金を要求するのである。小さな町ならばわからないでもないが、守りの固いことでは地中海世界でも有数と言われていたシラクサまでが、「身代金」を払って海賊に退散願ったというのだから世も末である。「暗黒の中世」というが、中世前期は文字通りの「暗黒」であったのだ。

八世紀とは、紀元七〇〇年から八〇〇年までの百年間になる。地中海世界は東も南も西も、イスラム勢におおわれた世紀になった。南ヨーロッパは、絶え間ない海賊の来襲にさらされ、漁船さえも遠出はできなくなる。それに海賊とは、海の上でのみ暴力行為を働く無法者、ではなかった。

海賊の立場に立てば、それも充分に理解可能だ。海上を行く商船を襲うならば、一度の襲撃で手にできる収獲は大きかったろう。だがそれは、動いている的《まと》を狙うようなものだ。地中海は広い。レーダーもない時代、航行中の商船をつかまえるのは容易ではなかった。一方、海岸に上陸し陸上から襲撃するならば、停止している的を狙い撃ちすることになる。北アフリカ産の馬は小型で、「フスタ」でも、十頭ぐらいならば乗せることができた。

こうしてサラセンの海賊たちは、海上では軽くて小型のガレー船によって、陸上では小ぶりでも粗食と酷使に耐える北アフリカ産の馬によって、海賊行には最も適した急襲戦法を駆使していくことになる。

では、この災害を防ぐ責任は誰にあり、その人々は何をしていたのか。

イタリア半島もシチリアもサルデーニャも公式にはビザンチン帝国下にある以上、安全保障の責任はビザンチン帝国皇帝にある。ユスティニアヌス大帝以後のイタリア半島は、ビザンチン領と北方から侵略して来て居坐ったロンゴバルド族の支配する地方がまだら模様のようになっていたが、北方蛮族のロンゴバルド族も改宗してカトリック教徒になっている。そして、信仰上のリーダーはローマ法王だが、俗界のリーダーは皇帝だった。それゆえあくまでも、ロンゴバルドの支配下にある地方であろうと、防衛の責任はビザンチンの皇帝にあったのである。

だが、新興の気概に燃えるイスラム勢力に次々と領土を奪われ、今では首都のコンスタンティノープルをはさんでギリシアと小アジアの西半分にまで追いこまれていたビザンチン帝国には、残された地方を守るのに精いっぱいで、イタリアにまで助けの手を伸ばす余力はない。それゆえ地中海の西半分は、制海権をにぎる者がいないという意味で、権力の空白地帯になっていたのである。ギリシアの西側を洗うアドリア海の安全航行さえ、いまだ成長過程にあって一人立ちしたとはとても言えなかった、ヴェネツィア共和国に託したほどであった。

と言ってロンゴバルド族にも、イタリア半島の安全保障を請負う力はなかった。ロンゴバルド人とは言っても統一したことはなく、ベネヴェント公とかサレルノ公とか名だけは立派だが、実際は複数の部族の頭目がそれぞれの支配地域に君臨していただけなのだ。彼らの間でも、兵を出しての争いはしばしば起った。

このロンゴバルド族に侵略されることもなくビザンチン帝国下に残っていたのが南イタリアとシチリアである。だがこの地域でのビザンチン統治も、シチリアの箇所で述べたように、安全は保障しないのに税金だけは取る、であった。これでは、サラセンの海賊の脅威にさらされつづける沿海の住民たちにとって、希望はどこにもない。彼らができた自衛のための手段は、広く海を見渡せる地を選んで塔を立て、海賊船の襲来を一刻でも早く見つけ、住民たちに逃げる時間を少しでも多く与えることだけであった。

これらの塔は、イタリア語では「トッレ・サラチェーノ」(サラセンの塔)と呼ばれる。今でもイタリア半島には数多く遺《のこ》っているが、そのほとんどは、大砲が普及するようになる十六世紀以降に建てられたとはっきりわかる造りだが、それらも十六世紀になって初めて建てられたのではなく、以前からあった塔を補強したのである。

だが、中には、それ以前の中世のままで遺っているものもある。岸近くに建てたのが長い歳月を経るうちに海岸線が迫ってきたために海中に取り残され、そのまま放棄されたのだろう。ローマの南、アッピア街道に沿うフォルミアに遺る塔もその一つだが、キケロの別邸の上に建てられたと言われている。古代ローマの趣味人は海の近くに別邸をもつのを好んだので、今では崩れ果てたかつての豪邸も、中世の庶民たちに、見張り用の塔を建てるための石材の提供ぐらいには役立ったのだろう。石材も新しく切り出したものを海岸まで運ぶには、人手も費用もかかるのだった。

しかし、この「サラセンの塔《トッレ・サラチェーノ》」をいくら建てても、海賊の難は完全には避けることはできなかった。サラセンの海賊は、黒地に白く髑髏《どくろ》を染めた旗を帆柱高くかかげながら襲撃してくるわけではなく、また、イスラム教徒の船であることを示して、緑色の地に白くコーランの文字を染めた旗をかかげてくるわけでもなかった。彼らはしばしば、別のキリスト教国の旗をかかげたり、襲うと決めた地とは同盟関係にある国の旗をかかげて近づいてくるのだ。望遠鏡もない時代、接近してくる船の実体を一刻も早く判明しようと必死に眼をこらす、塔の上の見張りの心境には同情せざるをえない。しかし、中世前期、つまり紀元一〇〇〇年以前に生きた地中海の西方の庶民にとって、拉致されたあげくに一生をイスラム教徒の奴隷として生きたくなければ、頼れるのはこの程度の自衛策だけだったのである。

「暗黒の中世」と後世の歴史家たちは言う。その一方では、中世は暗黒ではなかった、と主張する学者たちもいる。だが、少なくともイタリア半島とシチリアに住む人々にとっては暗黒以外の何ものでもなかったのが、彼らが生きた時代の「中世」なのであった。

神聖ローマ帝国の誕生

紀元八〇〇年とは、西洋史を学ぶ学生ならば絶対に覚えておかねばならない年の一つである。

それから一千二百年が過ぎた現代、ブリュッセルに建てられたヨーロッパ連合（EU）関係のビルの一つは、「シャルル・マーニュ」（シャルル大帝）と名づけられた。

紀元八〇〇年も十一月半ばという季節になって、フランク王国の王シャルルは大軍とともにアルプスを越えてイタリアに入った。まずは、北部イタリアを横断してラヴェンナに入る。当時の北イタリアはロンゴバルド族を敗北に追いやったフランク王国の支配下に入っていたので、大軍を率いての横断も問題なく進んだ。

イタリア半島でのビザンチン帝国の本拠地であったラヴェンナ入りも、ゆえに平和《へいわ》裡《り》に実現したのである。シャルルはこのラヴェンナに、息子のピピンに託した軍勢を

シャルル・マーニュの戴冠式

置き、彼自身は手勢だけを従えた〝軽装〟で、アドリア海を左手に見ながらイタリア半島を南下する。アンコーナからは内陸に入ることでローマを目指したというから、すべての道はローマに通ず、と言われ、この辺りになると湖に流れこむ川のように何本となく通っていた、古代の街道のどれかを使ってローマに向ったのだろう。ローマまでは一日の行程になるメンターナには、法王レオ三世が出迎えていた。

　シャルルとレオがあいたずさえてローマの城門をくぐったのはいつであったかの、正確な日はわかっていない。だが、キリスト聖誕祭である十二月二十五日には、ヴァティカンに建つ聖《サン》ピエトロ大聖堂にいた。その日、フランク王国の王シャルルは、ローマ法王レオ三世の手から、神聖ローマ帝国皇帝の冠を授けられたのである。後代の歴史学者たちからは「ヨーロッパの誕生」とされることになる、中世史上のビッグ・イベントであった。

「神聖ローマ帝国」創設の公式な理由なるものをまとめれば、キリスト教を中核にしてのヨーロッパの大団結という新しい視点に立っての、偉大なる過去の復活、となる。

偉大なる過去、と言っても、キリスト教を旗印にする以上は、古代のローマ帝国ではない。一世紀半昔にビザンチン帝国のユスティニアヌス大帝が一時的にしろ成し遂げた、「ローマ帝国」の意味であった。ビザンチン帝国もキリスト教を旗印にしていることでは同じだが、あちらも公式には「ローマ帝国」と名乗っている。それでこちらは「神聖」という語を加えることで、ビザンチン帝国とのちがいと、それからの分離を明らかにしたかったのではないだろうか。なぜなら、「神聖ローマ帝国」を誕生させた真の意図は、ビザンチン帝国皇帝が同じキリスト教徒の住むヨーロッパの防衛に、いっこうに熱心になってくれないことに発していたからである。

互いの間で領土争いにあけくれる王侯や地方豪族が大半であったこの時代、キリスト教世界全体のリーダーとしての責任を、一応にしろ感じていたのはローマ法王であった。

ローマ法王たちの、政治感覚が優れていたからではない。東ローマ帝国とも呼ばれるビザンチン帝国には皇帝がいたが、西方にはいなかったからである。とはいえローマ法王は、ビザンチン帝国の皇帝のように、宗教上の指導者と政治上の指導者を兼ねる存在ではなかった。何よりもまず、ローマ法王は独自の軍事力をもっていなかった。

それで、軍事力をもつビザンチン帝国の皇帝に西方の安全保障も求める書簡を幾度となく送ったのだが、そのたびに法王は失望させられるだけであったのだ。すでに述べたようにビザンチン帝国にはそれをできる余力がなかったからだが、聖職者であるローマ法王は政治家ではない。ということは、判断を下す場合でも相手の立場に立って考慮せずに自分の都合のよいようにしか判断しないということだが、ビザンチンの皇帝の煮えきらない対応を、同じキリスト教徒が住む西方なのにそれへの防衛責任を果そうとしない、と受取ったのである。

このような気分になっているときは、ちょっとした行きちがいも大事になりやすい。「イコン問題」がそれだった。聖像礼拝を認めるか否《いな》かをめぐっての論争なのだが、ビザンチンの皇帝は断固「否」としたのである。首都コンスタンティノープルでは、大量の聖像が焼かれ破壊された。

これに怒ったローマ法王は、ビザンチン帝国の皇帝を破門に処す。破門が、神の地上の代理人、であるローマ法王のもつ最強の武器である理由は、破門に処された者には、キリスト教徒は従う義務を有しない、としたところにあった。皇帝でも王でも、大勢の部下が従《つ》いてくるから地位と権力を維持していけるので、彼らが離れてしまってはタダの人になる。

というわけで俗界の君侯たちにとっては怖《おそ》ろしい武器だったのだが、ビザンチン帝国の臣下たちには効き目は薄かった。

理由の第一は、滅亡後は蛮族が割拠するようになったかつての西ローマ帝国を、自分たちはその轍《てつ》は踏まなかったと自負する東ローマ帝国の人々は、常に軽蔑《けいべつ》し一段下に見てきたこと。

第二は、コンスタンティノープルにも司教がいるのに、ローマの司教にすぎないローマ法王がその上位にあるかのように振舞うのは許せない、という感情。

第三は、つい最近起ったイコン問題である。

こうして、ローマとコンスタンティノープルの間は悪化する一方になっていたのだった。

ビザンチン皇帝が頼れる相手ではないと知ったローマ法王には、別のパートナーを探す必要があった。法王は軍事力をもっていない以上、パートナーの資格はまず、軍事力をもっていることにある。初めの頃は、当時のイタリア半島をビザンチン勢と二分した感のある、ロンゴバルド族に眼をつけた。

ヨーロッパでも最北のスカンディナヴィア地方に発しながら長い歳月をかけて南下してきたロンゴバルド族も、八世紀半ばには首都を北伊のパヴィアに置くまでになっていた。南下の当初は、征服された民であるローマ人とは融合せず、支配者として君臨するだけだったが、八世紀の前半に王位に就いたリュートプランドは、カトリックに改宗しただけでなく、法を整備したり統治制度を組織したりして、ローマ法王庁から見れば「話せる相手」になっていたのである。このリュートプランドが城をかまえていた北イタリアのパヴィアは、当時では北伊随一の、もしかしたら西ヨーロッパでも第一の、繁栄を誇る都市になっていた。建国してまもないヴェネツィア共和国の商人たちが、コンスタンティノープルで仕入れたオリエントの豪華な品々を持って、他のどこよりもパヴィアに売りに行ったのだから。

しかし、「立法者」の尊称で呼ばれたこのリュートプランドも、紀元七四四年に死ぬ。その後のロンゴバルド族は、以前の分散勢力にもどってしまった。イタリア半島に強力な勢力を確立し、それによって攻勢一方のイスラムに対抗してもらおうというローマ法王の考えも、あえなく挫折《ざせつ》したことになる。だが、何であろうとイスラムへの対策は講ずる必要があった。その法王の眼が、今度は、ヨーロッパの中央部に広く統一国家を形成しつつあった、フランク王国に向けられたのである。

神聖ローマ帝国創設の理由には、文面上ではビザンチン帝国にもイスラムにも言及されていない。だが、もしもビザンチン帝国との関係が良好に機能していたとしたら、また、もしもイスラム勢力がこれほどもの脅威になっていなかったとしたら、神聖ローマ帝国は生れなかったであろうと思う。「神聖」と付けようが付けまいが、東方にはいまだ「ローマ帝国」と名乗るビザンチン帝国が存在していたにかかわらず、西方にもう一つの「ローマ帝国」を創設することになり、東方の「ローマ帝国皇帝」と並び立つ皇帝を、西方にも打ち立てることになるからである。そしてこのことは、コンスタンティノープルからのローマの分離を、西側の主導権のもとに実行する意志の表明でもあった。

この時期のヨーロッパのキリスト教徒たちがいだいていた、このまま放置しておいては早晩ヨーロッパもイスラムに飲みこまれる、という危機意識も、あの時代に生きていた人々の立場に立てば、充分すぎるほど充分に根拠があったのである。

実際、紀元七〇〇年から八〇〇年に至る一世紀間の、イスラムの勢いはめざましかった。

紀元七六二年にはバグダッドを新設し、もはやイスラム帝国としてもよい「コーランの民」の首都を、地中海に近いダマスカスから、ユーフラテスとティグリスの両大河を望むバグダッドに移している。

アラビア半島の砂漠の民の、活力《バイタリテイ》はあっても野蛮ではあった力《パワー》と、このアラブに征服されたとはいえ豊饒《ほうじよう》なメソポタミア地方で洗練を重ねたペルシア文明の、幸せな結合でもあった。この時代のイスラム世界が到達した文化と文明の水準は驚くばかりに高く、同時代のヨーロッパと比べて格段に優れていたのは明らかである。

だがこれを、キリスト教側から見れば、今やイスラムは、軍事力のみでなく文化文明力も兼ねそなえた存在になっており、それゆえになおのこと、大いなる脅威として映ったのも当然であった。イスラムの兵士たちが豪語したという、聖《サン》ピエトロ大聖堂をアラブの馬の厩舎《きゆうしや》に変えてやる、という言葉も、単なる強がりと聴き流すことはできなかったのだ。神聖ローマ帝国を創設することでシャルルに頼る気になったのも、この危機意識の帰結であった。

それにしても、ローマ帝国末期にはライン河を渡ってガリアに侵入していた北方蛮族の一つにすぎなかったフランク族も、四百年が過ぎた中世前期ともなると、ヨーロッパの守護者に任じられるほどの勢力に成長していたのである。

フランク族が、他の蛮族に比べて特別に優れた資質をもっていたわけではない。ゲルマン系の蛮族の常で、勇猛ではあったが残忍でもあり、衛生観念の有無は文明度を測る計器だが、この面でも、平然と不潔、と評するしかなかった。

しかし、他の蛮族と比べれば、フランク族には次の特質があった。族長殺しのような権力争いは起っても、なぜか常に団結にもどってくるという性向と、征服した民でも皆殺しにすることはほとんどなく、多くの場合は彼らとの融合に進んだ傾向である。このフランク人の子孫である後代のフランス人は、それゆえに、征服したゲルマン系蛮族と、彼らに征服されたローマ系ガリア人の融合なのである。

だが、この二つの特質は、フランク族の強大化に役立った。第一は、被征服者の蜂《ほう》起《き》に兵力をそそぐ必要が減少したことで、軍事力を外敵に向けることができたこと。第二は、大軍を編成できる数の兵士でも、集めることが可能になったことである。

紀元七三二年にポワティエの野でイスラム軍を完敗させたのは、シャルルの父が率いたフランクの大軍だったが、その中での純血フランク兵士の割合は、他の蛮族国家に比べても低かった。

そして、シャルルの代になると、このフランク族の特質に、シャルル自身の軍事上の才能が加わる。その結果、フランク王国の覇権は、北はドーヴァー海峡、南はピレネー山脈、東はライン河を越えてエルベ河にまで及ぶようになった。しかも、ビザンチン帝国の不介入をよいことにイタリアにも手を伸ばし、ロンゴバルド族を南伊に追い

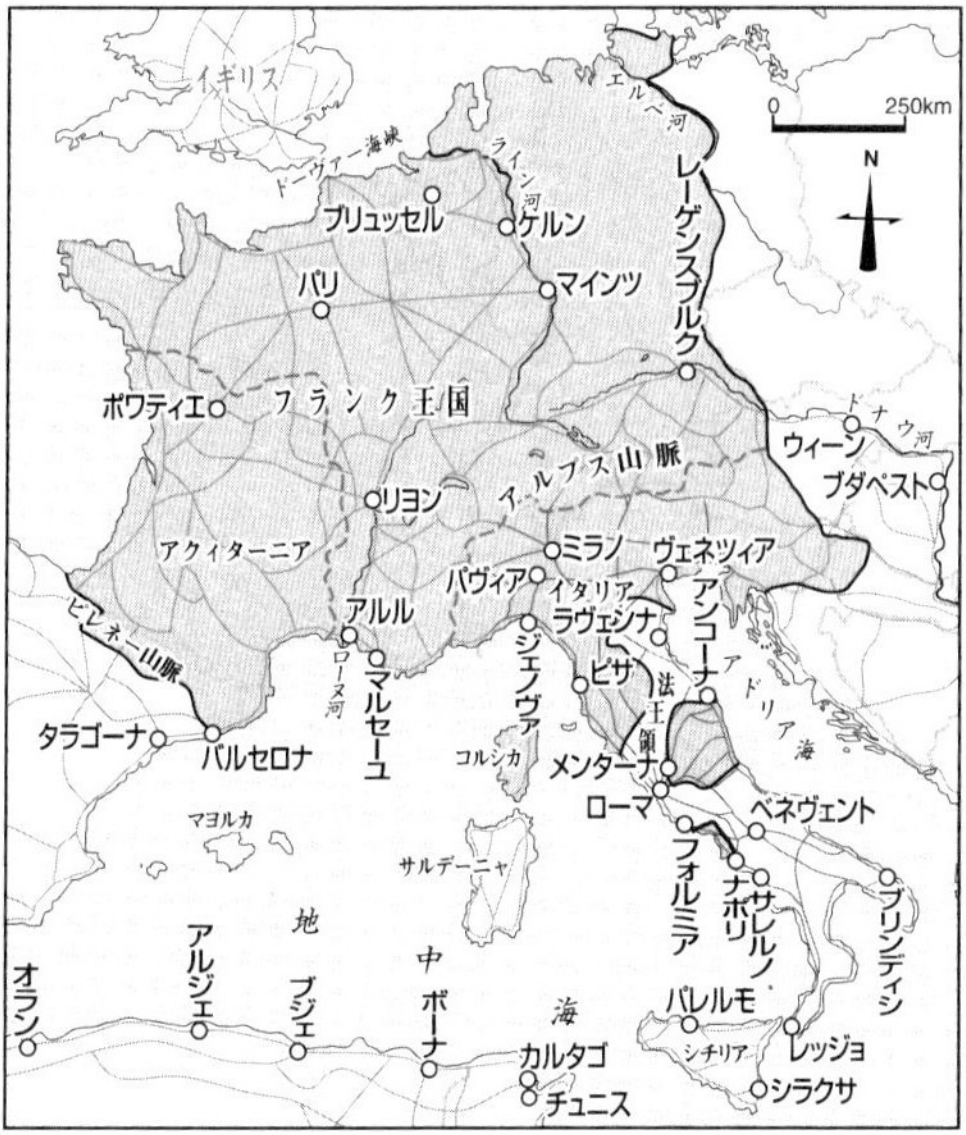

紀元800年前後のシャルル・マーニュの支配地

やった後は北部イタリアにも勢力を拡大したのである。つまり、九世紀も近づいた時期のヨーロッパでは、並ぶ者のない領国の主《あるじ》になったということであった。

さらに、蛮族の中でカトリックのキリスト教に改宗したのは、フランク族が最も早い。強力な軍事力と広大な領土、そのうえキリスト教化でも先輩格。また、王位に就いて以後は各地を転戦しての戦争ばかりしてきたので、武将としても信用置ける。そのうえ、シャルル自身も敬虔《けいけん》なカトリック教徒だった。神聖ローマ帝国の創始者として、この彼ほどの適任者はいなかったのである。法王レオ三世にしても、これ以上の人選は考えられなかったにちがいない。


しかし、この良案にも、不安材料がないわけではなかった。

まず、三十年にも及んだ戦闘に次ぐ戦闘の人生の後で、神聖ローマ帝国皇帝に即位した当時のシャルルは、六十歳も間近という年齢に達していたことだ。

それに、神聖ローマ帝国自体が、シャルル・マーニュという優れた才能が率いてこそ、機能も存続も可能になるという性質をもっていた点も不安だった。

それでもシャルル自身は、キリスト教ヨーロッパの防衛の最高責任者になったことを重く自覚していたようである。古代ローマの皇帝トライアヌスをまねたのか、ドナウ河に橋をかけている。ドナウを渡っての南下を常に狙《ねら》っている敵を撃退し得てこそ、ドナウの南に広がる地方の安全を確保できるという考えは正しい。

だが、出来上った橋は、小舟と樽《たる》を繋《つな》ぎ合わせて上に板をのせたものにすぎなかった。ドナウは大河である。この程度の橋では、上流で少し強い雨でも降ればたちまち流されていただろう。もしも上部は木造でも水中に立つ橋杭《はしぐい》とその上に渡す橋板をささえる橋桁《はしげた》だけでも堅固な石造ならば、橋自体の重量に耐えられるだけでなく、その上を渡る人や車の重量にも耐えられるのである。七百年昔にこの方法で建造されたのが有名なトライアヌス橋だが、これとシャルルの橋とのちがいは、古代帝国と中世帝国のちがいによるのか、それとも別の何ものかのちがいによるのか、考えずにいられない一例である。

神聖ローマ帝国の皇帝になったシャルルは、おそらくサラセンの海賊の与える被害に通じていた法王レオの要請を受けてのことと思うが、艦隊まで創設している。「アクィテーヌ艦隊」（classis Aquitanica）と「イタリア艦隊」（classis Italica）の二つだが、名から推測して、前者は南仏《なんふつ》を、後者はイタリア半島の西側とシチリアを、サラセンの海賊から守る目的で創設されたのにちがいない。海洋民族であったことのないフランク人にしては、賞《ほ》められてよい政策だった。

　この二つの艦隊とも規模さえも正確にはわかっていないのだが、当時の海上戦は接近して敵の船に乗り移る白兵戦で勝負がついたから、陸上の戦闘には自信のあったフランクの将兵でも、充分に転用が可能だったのだろう。船の操縦は、イタリア人の船乗りが担当したらしい。

　この艦隊による海上パトロールは、早くも効果が表われたようである。設立から十二年が過ぎた八一二年九月七日の日附けの、法王レオから皇帝シャルルへの手紙が遺っている。

「神の恩寵《おんちょう》と聖母マリアのお取りなしと貴下の慎重かつ勇断な配慮によって、われわれの住む地方の境界という境界のすべてが守られ、被害を避けられている現状は喜びにたえない。われわれ二人ともが、この防衛体制が今後とも有効に機能しつづけるための努力を忘れてはならないと痛感している」

　しかし、この二年後の八一四年、シャルル・マーニュは死んだ。そしてその二年後には、法王レオ三世も世を去る。この二人は、中世ヨーロッパ史の主役たちである。

それなのに、死去の年はわかっていても、生れた年の記録まではない。国勢調査《チェンスス》が示すように古代のローマにはあった「正確な記録を重視する精神」が復活するのは、正確な記録なしには商売も繁盛《はんじょう》しないとわかった、ルネサンス時代を待つしかなかったのである。

だが、古代が〝復活〟したものは一つあった。石鹸《せっけん》の普及である。ローマに来て石鹸を使って洗う良さを知ったシャルルが、フランスにもどって広めたのだという。この以前でも石鹸を使用していたのは、古代ローマの名残りがまだあった南イタリアやシチリアに限られていたのである。今でもなおマルセーユは古代からつづく石鹸や洗剤の有名な産地だが、もしかしたらマルセーユの石鹸産業の中興の祖は、シャルル・マーニュかもしれない。

しかし、人は死んでも石鹸は残るが、率いていた人物が死ねばそれとともに死ぬのが、個人の才能に頼ることで機能していた組織の宿命である。シャルル・マーニュの死後、残された「ヨーロッパ」は息子や孫たちに分割されただけでなく彼らの間でも争いが絶えず、早くも神聖ローマ帝国は、名のみの存在になってしまった。地中海の沿岸地方をイスラムの海賊から守るはずの二つの艦隊も、解散の時期さえもはっきりしないままに消滅した。

平和とは、求め祈っていただけでは実現しない。人間性にとってはまことに残念なことだが、誰かがはっきりと、乱そうものならタダでは置かない、と言明し、言っただけでなく実行して初めて現実化するのである。ゆえに平和の確立は、軍事ではなく、政治意志なのであった。

このことを理解していた二人の人物の死によって、再びヨーロッパは戦乱の地にもどり、地中海も権力の空白状態にもどってしまったのである。十年間にしろ鳴りをひそめていたイスラム勢が、この好機を活用しないはずはなかった。

狙われる修道院

早くも再開したのは、神聖ローマ帝国創立以前と同じ海賊の横行である。陸上にいても安全ではない。サラセンの海賊は、「フスタ」を砂浜に乗りあげて上陸し、小型だが敏速なアラブ馬を駆って襲い、略奪し破壊し焼打ちし拉致《らち》して引き揚げるのである。それも、効率良い収益はどこを襲えば得られるかまでも、事前にリサーチしたのかと思うほどに知ったうえでの襲撃なのだが、最も狙われたのは修道院であった。

修道院が、貧しさを徳とし神に生涯を捧《ささ》げた修道僧たちが、祈りと労働にあけくれる静けさに満ちた日々を送る宗教施設、と思ったら、それは中世の修道院ではない。道もない山奥の洞穴に一人でこもり、附近の人々の喜捨に頼りながら孤独な祈りの生活を選ぶ隠者は別だ。中世を通じて良きにつけ悪《あ》しきにつけ多大な影響力をふるうことになる修道院とは、その地の司教も封建領主も手を出せない、ローマ法王の命令にしか服さない、ゆえに事実上は独立した宗教組織なのであった。

まず、都市の城壁の外に建てられているのが常で、人里離れた僻地《へきち》にはない。信心深い人々が寄附したり遺言で贈与したりするので、広い耕作地を所有し、そこからの収穫物を売る必要があるからで、俗界の人間との交流は充分にあった。

それに、聖職者には妻帯者も少なくなかった中世前期でも、修道僧は独身者なので、結婚し子を生《な》すことによる資産の分散もない。また、修道僧には給料を払う必要もなかった。

そして、神に祈ったのにことが成就《じょうじゅ》しなくても、それは信仰心が不充分であるということで神は責任を問われないので、怒った信者が襲って来て破壊するなどというリスクも考慮に入れる必要はない。

反対に、神に祈った後でことが成就でもすれば、感謝した信者は「受けた恩寵《グラツィア・リチエブータ》」を奉納する。それが絵であったり一ダースの卵であったりする場合も多いが、恩寵を受けた人が地位が高かったり富裕者であったりすると、「受けた恩寵」への返礼も、黄金や銀で作られたミサ用の高価な聖具や、収穫の多い耕作地や、葡萄畑《ぶどうばたけ》つきの山荘であったりする。これらに加えて、宗教組織であるという理由で税金も免除されていた。

これらの資産を運営したり運用したりして得た収益で修道院を機能させていくのだが、その中には慈善や教育という種々の事業があった。古代が過去になって以後はこれらはキリスト教会の独占事業になっていたが、これに要する経費に修道僧たちの生活費を加えても、出る額に対して入る額が多い状態は変わらない。中世人は、苦難多き環境に耐えざるをえなかったこともあって、信仰心はすこぶる強かった。それに宗教組織とは、古今東西の別なく、なぜか富が流れこんでくるところなのである。サラセンの海賊にとっては、最も効率良い収獲を期待できるのが、この修道院なのであった。

町の中に建っているという不利はあっても、これと似た理由で海賊の的になることが多かったのが教会である。教会は、海賊の襲来を知った人々が真っ先に逃げこむ先にもなっていたので、住民を一時に多数拉致できる場所でもあったのだ。

領主の居城や金持の屋敷が狙われる順位は、修道院や教会の次になる。これらの場所は自衛のための要員に守られていることが多く、略奪でも拉致でも、簡単にはいかなかったからである。海賊とて、まず狙うのは守りの手薄な場所なのだ。兵糧《ひょうろう》も持たず少人数で襲撃することの多い彼らには、早くことを終らせる必要があったのだった。

情報とは、量が多ければそれをもとにして下す判断もより正確度が増す、とは、まったくの誤解である。

情報は、たとえ与えられる量が少なくても、その意味を素早く正確に読み取る能力を持った人の手に渡ったときに、初めて活《い》きる。

ローマ帝国では、ラテン語で成される皇帝の布告でもその地に住む人にも読める言語、帝国の東半分ならばギリシア語、に訳して公示されるのが決まりになっていたが、また重要な政策となると大理石に刻まれ、人々の集まる広場にすえ置かれるのが常だった。これに加えて、人々が毎日手にする通貨にさえも刻ませることで、情報を伝達させていたのである。

しかし、中世に入ると、そのようなことはほとんど行われなくなる。政治意志に基づいた国家が消滅したからだが、それゆえに中世史を専門にする後世の歴史研究者たちは、史料の極度の欠乏に苦労することになる。だが、この状態もその当時に生きていた人々の視点に立てば、統治者たちのやっていることは何も知らないということになり、それに気づくのは、海賊対策としての艦隊の維持費として課されるようになった特別税や、「サラセンの塔」の建設に経費と人を徴収されることによってなのであった。

これは、情報伝達としては実に不幸な形だが、それでも実績が示されるならば、人々も耐えたであろう。だが、これまでのように防衛をビザンチン帝国に頼るのではなく、西方自らが自衛に立つという政治意志の表明でもあった神聖ローマ帝国は、その創設者シャルル・マーニュの死によって、実質は十年とつづかなかったのである。神聖ローマ帝国が創設されたことによってその皇帝の臣下になったイタリア半島に住む人々が、自分たちが出した費用や労力が有効に使われたかどうかを感じ取る時間さえも与えられないうちに、西方のキリスト教世界の自衛の意志は空中分解してしまったのであった。

　しかし、地中海の向う側では、この十年余りの西欧での動きの意味するところを、正確に読み取った人はいたのである。中世も前期ではとくに、イスラム勢はその積極性でキリスト勢を凌駕《りょうが》していた。行動が積極的であるということは、頭のほうも活発に動いていたことになる。手に入るわずかな情報でも、その重要性をただちに理解できたのだろう。

　神聖ローマ帝国の創設は、西方のキリスト教世界にとって、ビザンチン帝国からの分離を意味していたこと。それゆえにキリスト教世界の東方と西方の共闘の可能性は、ますます希薄になるであろうということ。

　これを言い換えれば、ビザンチン帝国領を攻撃しても西方諸国はおいそれとは救援に出ては来ないであろうし、反対に西方諸国のどこかを攻撃した場合でも、ビザンチン帝国は軍を送っては来ないであろう、ということになる。しかも、手強《てごわ》い相手になりそうだった神聖ローマ帝国も、十年後には早くも名のみの存在になっている。コーランの教えを広めることを使命と感じている原イスラム教徒も、それほどは強く感じていない新イスラム教徒も、今こそ好機を思う点では一致したにちがいない。

シチリア島のイスラム化

ジブラルタル海峡を渡ってのイベリア半島のイスラム化は、一応にしろ完了している。こうなればシチリアの全土征服に、順風ならば一日で着ける距離にある北アフリカのイスラム教徒、つまりサラセン人が、初めて強く関心を持ったとしても当然だった。

地中海最大の島であるシチリアは、フランク王国やロンゴバルド人の支配する地の多いイタリア半島とはちがって、今なおビザンチン帝国の支配下にある。それゆえ、迎え撃ってくるとしても微弱なビザンチン軍だけで、フランク王国もロンゴバルドの諸公国も、そしてビザンチンの皇帝とは不仲になっているローマ法王も、簡単には救援に出てこないと踏んだのであった。

しかし、出かけて行っては略奪した物と拉致した人々を引き連れて帰ってくる海賊行と、全島を手中に収めることを目的にして遂行していく征服行はちがう。また、サラセン人は、アラブ人にベルベル人にムーア人を合わせても、大軍をくり出すだけの人口に恵まれていなかった。だからこそ労働力に使うためにもキリスト教徒を拉致していたのだが、イスラムに改宗でもしないかぎりキリスト教徒の奴隷《どれい》は、ガレー船の漕《こ》ぎ手には使えても、兵士には使えない。好機が訪れたことはわかってもすぐにはそれを活用できなかったのには、これらの事情があった。だが、活用に踏みきるきっかけは、シチリアのキリスト教徒が恵んでくれることになる。

いかに最西端であろうとビザンチン帝国の支配圏に属すシチリアは、首都とされていたシラクサに駐在する皇帝代理《エザルカ》と、防衛を担当する武官が協力して治める仕組になっていた。帝国の首都コンスタンティノープルから赴任してくる「エザルカ」は言ってみれば文官で、ビザンチン帝国の貴族であるのが常だったが、防衛担当の武官は、ビザンチン帝国の防衛力の減退を反映して、現地であるシチリア島の出身者が圧倒的に多い。紀元八二七年にシチリアに赴任してきた人も、ビザンチン帝国の貴族のパラータだった。そして、この文官を出迎えた武官の名はエウヘミオ。シチリアに駐屯するビザンチン軍の総大将を長く務めた男であったらしい。

「皇帝代理《エザルカ》」の着任を祝って催された招宴の席上、パラータはエウヘミオの妻のオモニーザに一目《ひとめ》惚《ぼ》れしてしまったのである。それも恋しただけでは済まず、奪って自分の女にしてしまった。

オモニーザは、もともとは尼僧《にそう》だったのをエウヘミオが還俗《げんぞく》させ、自分の妻にしていた女である。それを奪い取られたのだから怒るのはわかるが、この事件は、妻を奪われた夫の怒りのみでは終わらなかった。シチリアの男たちにまで、広がったのである。そして、彼らの怒りがビザンチン帝国排斥の気運に向ったのだと、古い記録は伝えている。

だが、この解釈は、歴史は偶然に左右されるという考えの一例のように見えるが、同じような他の多くの例と同様に、すでに満杯になっていた水が最後の一滴によってあふれ出た、にすぎないのではないだろうか。皇帝代理パラータの軽率な振舞いがなくても、シチリア人の心中には、重税は徴収しておきながらサラセン海賊からの防衛にすら本気で取り組まないビザンチン帝国への不満が、溜《た》まりに溜まっていたのにちがいない。そうでなければ、ごく短期間の間に、団結してビザンチン帝国排斥に起《た》つはずもないからである。

しかし、ここに来てエウヘミオは、シチリアの記録者の言を借りれば、「火とたわむれる」方向に向ってしまったのだった。

シチリアからのビザンチン支配排除を目的にした共同戦線結成を、カイラワンにいる「地方長官《アミール》」に持ちかけたのである。

長年にわたったシチリア防衛の経験から、エウヘミオは、サラセン人たちが得意とするのは、襲って来ては略奪して去るという短期決戦型の戦闘であるのを知っていた。だがシチリアは広く、島中に散在する数多くの城壁をめぐらせた都市を一つ一つ陥《お》としていかないかぎりは、シチリア全島の征服は実現しない。サラセン人にはその根気も力もないから、早晩音《ね》をあげて撤退するだろう。その後で、サラセンに攻められて今よりもなお弱体化していること確かなビザンチン軍を、シチリア人の力だけでも追い出せる、と考えたのである。そして、ビザンチンの支配を脱した後のシチリアの君主には、自分がなる、と。

だが、ことはエウヘミオが予想しなかった方向に向かってしまう。イスラム教徒に共闘を持ちかけたことによって、ビザンチンの支配には不満でもキリスト教徒ではあるシチリア人の反感を呼んでしまったのだった。それまではエウヘミオに賛同し、対ビザンチンに起《た》つ気でいた多くのシチリア人を、ビザンチン側にもどしてしまうことになったのだ。その結果、エウヘミオに従う兵力は、予想していたよりも大幅に減ってしまう。

「聖戦《ジハード》」

海の向うの北アフリカでは、シチリア征服行の準備が急ピッチで進んでいた。エウヘミオから共闘を持ちかけられた「アミール」は、バグダッドからカイラワンの「地方長官《アミール》」として送りこまれてきた人である。ほぼ確実に、「イスラムの家」の拡大を使命《ミッション》と感じている原イスラムであったろう。アラブ人に征服されたからイスラム教に改宗した新イスラムとはちがって、彼のようなオリジナルのイスラム教徒は「聖戦《ジハード》」を信じて疑わない人々だった。

「アミール」は、北アフリカの全域に布告を発している。

「アラーの他には神なく、マホメッドの他には預言者なし。今やそのときが来た。イスラム教徒ならば全員が気力を充実させ、全員で無信仰の徒の住む地の征服に向うときが来たのである」

この布告が効いたのか、一万人もの数の志願者と七百頭の馬が集まった。船の数は知られていないが、兵士も船も、北アフリカ一帯から集めるとなれば、あの当時では、

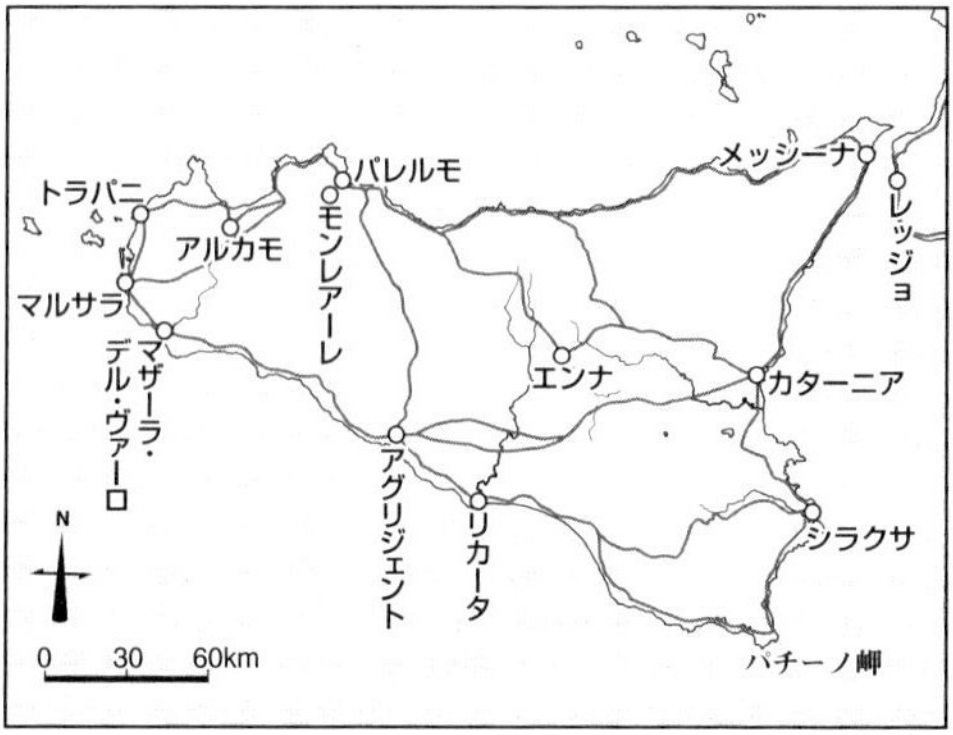

シチリア

海賊と海賊船を集めるということである。

このイスラム遠征軍の総指揮をまかされたのは、バグダッドからそのために派遣されてきた軍事のベテランではなく、同じく原イスラムではあっても司法が専門のアブ・アラー・アサドだった。チュニジア東岸にあるスーサの港に集結した全軍を前にして、緑の地に白くコーランの文字を染め抜いたイスラムの旗を背に総指揮官アサドは、アミールの布告をくり返すことで出陣を宣言した。

紀元八二七年六月十四日のことである。初夏のこの辺りの海域は、現代でもヨット帆走には最適の海として知られている。シチリアの西の端に位置するマザーラには、この時代のガレー船でも二日もあれば着けたであろう。ローマ時代から北アフリカへの港として活用されてきたこの港町には、集められるだけの兵士を従えてきたエウヘミオが出迎えていた。

一万人もの兵士と七百頭の馬を上陸させ、乗ってきた数多くの船をいつでも使える状態で停泊させるだけでも、相当な日数を必要とする。それも、このようなことには慣れていないサラセン人がやるのだ。これらすべてを終えて平原にくり出すまでに、一ヵ月を要した。そしてこの一ヵ月は皇帝代理のパラータに、各地に分散していたビザンチン兵をまとめてマザーラに来る時間を与えたのである。

紀元八二七年七月十五日、ビザンチン軍とイスラム軍がマザーラ近くの平原で対決した。イスラム側で総指揮をとる裁判官アサドは、戦闘開始を告げる前に、横にいてともに指揮を取るつもりでいたエウヘミオに向い、有無を言わせぬ口調で言った。

「あなたとあなたの兵士は、もはや必要ではない。戦場から出て、そのまま立ち去ろうが残って観戦しようが自由だ。ただし観戦するならば、ビザンチン兵とまちがわれて殺されないように、その辺に生えている草でかぶとをおおうことをすすめる」

エウヘミオには、この忠告に従うしか他に道はなかった。エウヘミオとその部下たちが見守る前で、戦闘は行われた。いずれも、シチリアの住民にとっては他国人である兵士の間で闘われた戦闘だが、どちらが勝とうがシチリアの運命は、この他国人がにぎっていたのである。

その日の戦闘は、イスラム側の勝利で終わった。戦場に散乱しているのは死者だけで、負傷者も捕虜も出ないという終結だった。総指揮を取ったアサドは、軍事のプロではない。コーランをアラビア語でくり返し読んではそれを信じきっているこの人には、異教徒のキリスト教徒は、人間でさえもない犬なのだ。「イヌ」であるのも忘れて、イスラムに向って剣をふるったのである。殺すしか、ふさわしい対処はなかったのだろう。

それでも、一部の兵士たちは逃げるのに成功した。勝ったイスラム兵が、追撃よりも戦死者を身ぐるみはぐのに熱中していたのが幸いしたのである。皇帝代理《エザルカ》のパラータはシチリアからも逃げ、カラーブリアにビザンチン人を頼ったが、かえってその人々に殺された。

ビザンチン軍を完敗させたイスラム勢は、あい変わらず聖戦《ジハード》を叫ぶアサドを先頭に、シチリア征服行に入った。これもあい変わらずだが、抵抗する者は容赦なく殺し、売れると見た物は強奪し、抵抗しない者でも拉致して北アフリカに送る、のくり返しである。その頃には勝利は北アフリカにも伝わったと見え、われもわれもとシチリアに押し寄せてきた「聖戦」の戦士の総数は、アラブ側の記録によれば四万にもなったという。

もちろん、司法の人であるアサドには、これだけの数の人間を軍略にそって組織する能力まではない。シチリアに押し寄せてきたサラセン人はそれぞれ勝手に行動し、北に東にとシチリア中に攻めこんだ。

これもまたアサドが軍事を熟知していなかった証《あか》しと思うが、彼とその軍は一気にシラクサを攻撃したのである。シラクサを陥とせばシチリア全土を陥とすことになるとは誰でも知っていたが、シラクサの守りの固さは、かつてはローマ軍にさえも長期の攻城戦を強いたほどなのである。容易には陥とせないシラクサに、シチリアのどこよりも先に狙いをつけたのだから、狂信は軍略をも盲目にするという例である。実際、シラクサ攻略戦は困難をきわめることになる。

シラクサを孤立化させようと周辺地帯の焦土化作戦を命じたのも、シロウトのやること以外の何ものでもなかった。焦土化作戦とは、攻撃されている側が攻撃する側を兵糧《ひょうろう》攻めにするために行う作戦である。それを攻める側がやってしまったのだから、実りの秋を迎えているというのに、籠城戦《ろうじょうせん》を闘っているシラクサ人よりも攻めるイスラム軍のほうが、食糧不足に苦しむことになってしまった。

食の欠乏に苦しむイスラムの兵士たちは、わざわざ北アフリカから連れてきた馬を殺して食べたという。それでいて、シラクサはびくともしない。長期戦と食糧不足に音をあげたアラーの戦士たちは、指揮官のアサドに、ここはひとまず北アフリカに引き揚げてはどうかと申し出た。彼らは言った。「イスラムの戦士の命は、ローマ人《ルーミ》のすべての富よりも貴重だと思います」

言われたアサドは、顔色も変えずに冷たく答えた。「聖戦の場から脱け出したイスラムの戦士を聖戦に連れもどすのは、わたしの役割ではない」

そのようなことをしようものなら、アラーの神が放っておかないぞ、というわけである。兵士たちも黙るしかなかった。

シラクサの都市自体は攻撃に耐えたが、救援に駆けつけたビザンチンの軍隊は、今度もまた一敗地にまみれたのである。

それでも、攻防戦は十ヵ月に及ぼうとしていた。食糧の欠乏は体力の減退につながり、攻めるイスラム軍の兵士たちの中では、敵の剣や矢よりも、疫病《えきびょう》に倒れる者のほうが多くなる。攻撃を指揮していたアサドも、疫病に倒れた一人になった。

司令官を失い、すべてが不足する中で兵士の数も十分の一に減り、それでいていまだ広いシチリアのどこにも、屋根の下で安眠できる町一つ攻略していない。この現状は、シチリア征服行に参加したイスラムの兵士たちの士気を眼に見えて落とし、シラクサ攻略など知ったことではないと思う者が多くなっていた。

普通ならば、この機に弱体化している敵をたたく、と考える。ところが、このサラセン人たちが屋根の下で安眠できる町を探すための内陸行の、先導役を買って出たのがエウヘミオだった。だが彼も、もはやビザンチン側に帰れる身ではなくなっていたのである。

北アフリカからのイスラム教徒がシチリアの島に、まるで地中海を渡ってくるいなごの大群のように襲いかかっているという知らせは、早くもローマの法王にまで届いたようである。この情報の伝え手は、一つではなく複数だった。

第一は、この時期から顕著になり始める、北アフリカのイスラム教徒とイタリアのいくつかの都市との間の交易のために、北アフリカの港町に出向いていたイタリアの商人たちによってもたらされた情報。「聖戦」にわき立っている人や船の動きに、イスラム世界の動向にはひときわ敏感な交易商人たちが、気づかないはずはなかった。

第二は、シチリアとは狭いメッシーナ海峡をへだてるだけの南イタリアに住む人々からの情報、というより悲鳴である。伝達の手段としてはこれ以上はないほどに原始的だが、「恐怖」は最上の伝達手段でもあるのだ。

第三は、アラーの戦士自らがもたらした情報だった。

と言うのも、紀元八二七年を期して始まった北アフリカのイスラム教徒によるシチリア征服行は、あらかじめ慎重に考えられた大戦略に基づいて遂行されたものではなく、それゆえに組織された軍隊によって進められたものでもなかったのである。「ジハード」を唱えそれに共鳴して集まった、言わば烏合《うごう》の衆によって行われたのだから、シチリアに向うはずがとんでもない地にたどり着いてしまう船も少なくなかった。

そのいくつかは風に流され、ローマ法王の領土ということになっていた中部イタリアの海岸に漂着してしまった。だが、聖戦の戦士たちも、昨日までは海賊であった男たちである。漂着であろうと無駄にせず、無信仰のイヌの地に着いた以上はと、彼らには慣れ親しんだ略奪と拉致にとりくんだのである。もちろんそれを終えた後は、船にもどって帆をあげて立ち去る。だがこれによってローマ法王は、すぐ近くの海辺から逃げてきた人々による生《なま》の情報を得ることになった。

この時期、法王位にあったのはグレゴリウス四世である。ローマの有力豪族サヴェッリ家の出身で、まだ若かったこともあって精力的な法王だった。

まず、公式にはイタリアの防衛の責任者である、神聖ローマ帝国皇帝に援軍派遣を要請する。しかし、当時のフランク王国は内紛にあけくれていてシチリアどころではなく、聴き流されただけだった。

それで、シチリアに応援に行くには船だと、海洋国家として形を成しつつあったピサとヴェネツィアに協力を求めたのである。

しかし、こちらのほうも成果はかんばしくなかった。当時のヴェネツィア共和国は、彼らにとっては最も重要な交易先であるオリエントとの交易路確保には不可欠な、アドリア海の制海権さえも確保できていない状態にあった。そして、その確保のためには、アドリア海の東岸一帯に巣食うスラヴ人の海賊退治が何よりも優先したのである。だが、これも言い換えれば、ヴェネツィアの利益とシチリア支援は、この時点ではまだ密接な関係になかったからにすぎない。

一方、船の提供は承諾したピサもまた、自国の利益を無視したのではなかった。アドリア海の航行の安全確保が至上の課題であるヴェネツィアに対し、ティレニア海に面するピサにとっては、イタリア半島の西側を洗うティレニア海の安全は、彼らの利益にとっても至上の問題であったのだ。そして、この海域にとっての最大の脅威になりつつあったのが、北アフリカから北上してくるサラセンの海賊たちであった。

それが今、シチリアに襲いかかっている。このシチリアがイスラム化されようものなら、海賊船は北アフリカからではなく、その半ばの距離のシチリアの港から来るようになるのだ。この時期以降もピサが、何かと対イスラムに積極的になるのも、地図を見るだけでも納得できるのだった。

ピサが提供してくれたことで船は確保できたのだが、それに乗せて行く兵士がいない。陸上の戦力になりうる数の人口がないために海洋に活路を求めるから、海洋国家になるのである。ピサには、船とそれを動かす船乗りは提供できても、戦闘が専門の兵士の提供までは無理だった。

それでもあきらめなかった法王は、神聖ローマ帝国の家臣としてティレニア海防衛担当という地位にあった、ボニファチオ伯に眼をつける。トスカーナ地方の豪族でもあった、この人の説得は成功した。ただちに、兵士募集の法王布告が発せられる。どれだけの数を集められたかはわかっていない。だが当時の記録は、最初のシチリア征服行に参加したイスラムの兵士が一万であったと記し、それよりはよほど少ない数だった、としている。

イタリアとその周辺

法王グレゴリウス四世のもともとの意図ならば、ボニファチオ伯率いるこのキリスト教軍の目的は、イスラムの軍に攻撃されているシチリアの支援にあったのである。ところが、ボニファチオは、彼にすれば天才的なアイデアを思いついてしまったのだった。

スキピオを夢見て

それは、シチリアには向わず、一気に敵の本拠であるカイラワンを突くというアイデアである。当時のカイラワンははるか東方にあるバグダッドと似てイスラム教徒にとっては象徴的な意味をもつ都市であったから、そこを攻めればシチリアにいるイスラム軍も帰国せざるをえなくなるだろうと、ボニファチオは考えたのだった。

これよりは一千年も昔のカルタゴとローマの間に戦われたポエニ戦役を思い出したのかもしれない。ボニファチオは、あのときにスキピオが敢行した戦略をまねる気になったのだと思う。

象まで連れてアルプスを越えてイタリア半島になぐり込みをかけてきたハンニバルは、その後も連戦連勝をつづけ、十六年もの間ローマ人の悪夢でありつづけたのである。その悪夢をイタリア半島から追い払うには本国のカルタゴを突くしかないと、若きローマの武将は考えたのだった。突かれてあわてた本国が、カルタゴ最高の武将に帰国命令を出さないはずはない、と。この戦略は見事なまでに成功し、ザマの会戦でハンニバルに勝ったローマは、第二次ポエニ戦役の勝者になるのである。

この古事より一千年後に生きることになったボニファチオが、まねしたいと思ったとしても当然だった。

だが、ここが「オリジナル」と「模倣」のちがいなのだが、ボニファチオは何もかも、スキピオのまねをしたかったようである。カイラワンを攻めるならばチュニジア東部に上陸するほうが近道であるにかかわらず、スキピオが上陸地点に選んだという理由からか、チュニジア北部のウティカ近くの海岸に上陸している。そしてそこからは、陸路をチュニスに向った。ボニファチオには、スキピオには必要なかった任務が別にあったからである。それは、発《た》つ前に法王に約束した一事で、農村で奴隷として働かされている、多くのキリスト教徒を解放することであった。

チュニスの町の攻略にまでは時間をさかなかったが、チュニスの「地方長官《アミール》」を攻めると言って脅したのが効を奏したのか、チュニス市内に収容されていたキリスト教徒の奴隷たちの解放にも成功している。その後初めて、自由になった奴隷たちで軍をふくらませながら、本来の目的地であったカイラワンを目指したのであった。

行軍中も、奴隷たちからの情報を集めるのに熱心であったのは、ボニファチオの賞《ほ》められてよい点だ。これによって彼は、チュニスの「地方長官《アミール》」がシチリアで戦闘中のイスラム軍に本国の危機を伝え、一刻も早く帰国するよう命じた使いを、快速船でシチリアに送ったことも知ったのだった。

カイラワンは、やはりチュニスとはちがった。防衛のための設備が完璧《かんぺき》であったのではなく、防衛のための気概が完璧であったのだ。つまり、イスラムにとっての聖都を守る気概に燃えた、兵士たちで固められていたのである。

率いるムハマード・イブン・サフヌーンからして戦闘意欲のかたまりのようなアラブ人で、急遽《きゅうきょ》集めたにすぎない男たちを、確固としたゆるぎない指揮ぶりで統率していた。

この男の率いるイスラム軍とボニファチオ率いるキリスト軍が、カイラワンの郊外で対決したのである。

戦闘は、太陽が昇るのを合図に始まって陽が落ちるまで終わらず、しかもそれが五日もつづく激戦だった。五日とも、激烈で凄惨《せいさん》な戦闘で終始したのである。だが、それでも勝ったのはキリスト教軍のほうだった。イスラムの戦士たちは、彼らの言う「あの不信のイヌども」の前から敗走したのである。常に敵に身をさらしながら闘ったムハマード・イブン・サフヌーンも、もう少しで捕虜になるところだったが、スーサの港にまで逃げるのに成功した。そこからシチリアに快速船を出し、イスラムの兵士たちに、再度の本国帰退を命ずることになる。

チュニスの「地方長官《アミール》」もムハマード・イブン・サフヌーンも、この時点ではまだ、シチリアに行った遠征軍の現状も知らず、それを率いていたアサドの疫病死も知らなかったようである。統一した指揮系統が存在しない場合、いくら命令を送っても受け手がはっきりしなければ、その命令に従って行動しようにも、それを率いる人がいない。

スキピオの戦略が成功したのは、相手側にはハンニバルという、兵士統率の天才がいたからであった。

スキピオをまねしたい一心のボニファチオには微笑を誘われるが、この時期のイスラム側も、聖戦の意気に燃えるのはわかるが、それにしてはヘマばかりしていたように思う。だが歴史は、こっけいな側面にも不足しないからこそ、人間世界を映し出しているとも言えるのだが。

ボニファチオも、こっけいには無縁ではなかった。彼とて、シチリアに遠征中のイスラム軍の現状に通じていたわけではない。それでいて帰国すると決めたのは、敵地に長く留まるのが不安になったのだ。季節も秋に入っていた。

結局、本国の「アミール」が命ずれば、今はシチリア征服中のイスラム兵士たちも、それは中断してでも帰国する、とのボニファチオの予測は、奇妙な現状のめぐり合わせがあったにしろ実現しなかった。また、チュニスを攻略できたわけでもない。カイラワンに至っては、市内にすら入れなかった。それでも、鎖につながれながら異教徒の地で生きていた、多くのキリスト教徒を解放することはできたのである。ボニファチオは、これでも良し、としたのだった。

兵士たちを集め、解放された人々を連れてもとの上陸地点までもどったというのだから、それならば、直線距離にしても百二十キロの距離になる。その百二十キロをイスラム教徒に襲われることもなく踏破できたのだから、イスラムの地に遠征し、しかも勝った事実は、やはり大きかったのだ。全員の乗船も無事に終わり、船団はシチリアには寄港せず、サルデーニャを目指して北に向った。サルデーニャに寄港した後はチヴィタヴェッキアへ寄って元奴隷たちを降ろし、ピサに凱旋《がいせん》したのである。

帰還したボニファチオは、ローマ法王を始めとしてイタリア全土の人々からの賞讃《しょうさん》に包まれた。だがこの快挙は、所詮《しょせん》、紀元八二八年の一年だけで終わってしまうのである。とはいえ現代でもなお、サルデーニャとコルシカの間の海峡は、「ボッカ・ディ・ボニファチオ」、直訳すれば「ボニファチオの口《くち》」と名づけられている。この人の担当海域が、東はイタリア半島、西はコルシカとサルデーニャの二島にはさまれた、ティレニア海であったからだった。

「ボニファチオの口《くち》」と名づけられた理由はわからない。だが民間伝承では、サラセンの海賊たちを飲みこむという意味であるという。実際は飲みこまれるどころか自由な横行が以後もつづくのだから、これもまた庶民の願望の一例だろう。

一方、征服行にしては混乱するばかりで続行も危ぶまれていたイスラム勢によるシチリア戦線だが、嫌気がさして撤退するどころかなおも前進をあきらめなかったのだから、宗教上の情熱は度《ど》し難《がた》い。裁判官のアサドのかかげる緑に白のコーランの文字を染め抜いた旗につづけとシチリアに押し寄せたサラセン人の中に、ハルカモという名のイスラム教徒がいた。

この男は、シチリアの南部に上陸するやいなや、部下たちの眼の前で、自分たちを運んできた船すべてを焼却させたのである。驚く部下たちに向って、ハルカモは言った。

アフリカにもどる道はない。この島に居つづけるしかない。こう言って先頭に立ち、もはやハルカモに続くしかなくなった部下たちを率いて、シチリアの北部に向ってての行軍を開始したのである。もちろん、略奪し焼き払い、破壊し拉致をくり返しながら。

それでも、このサラセン男は、有言実行の人であったようである。今でもパレルモとトラパニをつなぐ高速道路に沿って、アルカモという名の町がある。イタリア語ではHは発音しないので、ハルカモがアルカモになって残ったのだ。しかし、この男のようなイスラム教徒がいたからこそ、ヘマばかりで始まったシチリア征服行も、あきやすいサラセン人にしては珍しく、この後もしぶとく続けられていくのである。

ローマへ

しかし、地中海西方のイスラム教徒にとっての象徴的な都市であるカイラワンを突かれ、それのみでなく「無信仰のイヌ」によって一敗地にまみれた屈辱は、何としても雪辱されねばならなかった。勝って引き揚げたのをそのままにしておいては、「イヌ」と軽蔑《けいべつ》しつづけることもできなくなる。進行中のシチリア征服にも、悪影響が出ないはずはなかった。

雪辱を誰よりも望んだのは、原イスラムと自認していたアラブ人である。北アフリカにとっては外来で征服民族でもあるアラブ人と、その彼らに征服されたために新イスラムと呼ばれるムーア人やベルベル人の関係はむずかしく、常に反乱を心配しなければならない状態にあった。

北アフリカでは、アラブ系は数が少なかった。少数が多数を支配していくには、少数のもつ権威と権力の有効性を示しつづける必要がある。敗れたのでは、その権威に傷がつくのだ。ゆえに、一度は敗れたとしても、それはただちに挽回《ばんかい》されなければならなかった。

キリスト教徒のイヌどもがカイラワンを突いてきたのだから、こちらも彼らの信仰の象徴である都市を突いてこそ雪辱になる、と彼らは考えたのである。キリスト教を象徴する都市となれば、ローマ以外にはない。こうして、ボニファチオが去って一年も過ぎない紀元八二九年六月、大軍を乗せたイスラムの軍船団が、チュニスの港を後にしたのだった。

上陸地点に選んだのは、ローマの北五十キロにあるチヴィタヴェッキアである。ローマ帝国最盛期にトライアヌス帝によって建設された港だが、中世に入って以後も、ローマ法王の領土とされているラツィオ地方の主港の働きを果していた。このチヴィタヴェッキアは、ローマとはアウレリア街道一本でつながっている。北アフリカのイスラム教徒は、つまりサラセン人は、イタリア半島を「ローマ人《ルーミ》の住む長い土地」と呼んでいた。その「長い土地」のほぼ半ばにあるローマを攻略するための前線基地として、チヴィタヴェッキアを狙《ねら》ったのである。

古代のローマ時代では、「百の倉庫」を意味して「Centumcellae」と呼ばれていたチヴィタヴェッキアだったが、その名が示すように、帝国時代のローマの外港であったオスティアにも匹敵する規模の港として知られていた。

その当時は、合理的で堅固に造られた港内に入るや、岸壁に沿って数多くの倉庫がぐるりと囲むつくりになっていたのである。大帝国の主港ゆえのこれほどの設備だったのだが、中世に入るとそれらの設備も立ちぐされの状態になっていた。それでもローマ人の建設したものだけに壁は厚く頑丈で、ここにこもって闘ったのが、チヴィタヴェッキアが二ヵ月もの間、イスラム軍の攻撃に耐えた要因だったろう。

だが、二ヵ月におよんだ防戦も無駄に終わる。その後はお定まりの殺戮《さつりく》と略奪と拉致《ち》が、チヴィタヴェッキアを無人の町にしてしまう。生き残った人々も、内陸部深くに逃げてしまったからだ。
二ヵ月もの間、チヴィタヴェッキアの応援に駆けつけるキリスト教徒の軍勢は一つもなかったのである。ローマ法王は軍勢をもっていない。神聖ローマ帝国皇帝であるはずのフランクの王たちは、イタリアの北部で同じキリスト教徒のイタリア人を攻めるのに熱中している。南イタリアにいくつかの小さな公国をもつロンゴバルド族も、イスラム軍には怖《おそ》れをなして近づかない。ビザンチン帝国の兵士も、シチリアでの防戦で手いっぱいの状態。これが九世紀の「ルーミ」(rumi)つまりキリスト教を信ずるローマ人、の住む「長い土地」の現状であった。

この現状を知っていたのか、チヴィタヴェッキアを陥《お》とした後のイスラム勢は、ローマへの進軍を急がなかった。すぐそばを通るアウレリア街道の終点はローマと思いながら、トスカーナ地方で悠然と冬越しをすることにしたのである。当然のことながら、兵糧には不足しなかった。中伊一帯の町や村のすべてが、サラセンの馬のひづめに踏みにじられたのは言うまでもない。当時の記録は、いなごの大群が襲ってきて立ち去ったのと同じ、と書き残している。

翌・紀元八三〇年の春、少数の守備兵を残しただけで、イスラム軍はローマに向った。アウレリア街道を南下するのと、海岸沿いにオスティアの港に行き、そこに船を置き、兵士はテヴェレ河に沿う道を通ってローマに向うのとに、軍勢を二分している。オスティアに船団をまわしたのは、略奪品や拉致した人々をすぐにも船に乗せて北アフリカに送るためだった。

チヴィタヴェッキアにもキリスト教側の救援軍は現われなかったが、キリスト教世界の首都というのに、そのローマにも来なかったのである。

だが、攻めるイスラム側も、さほどの兵力ではなかったらしい。それまでの略奪物や人間を随時北アフリカに送り出していたので、すでに相当な数の兵士が脱けていたのではないかと思う。大軍を統率するには諸々《もろもろ》の条件が満たされねばならないが、そのような事柄はアラブ人の記録にも見られない。おそらくは、兵数が減ったからなのこと、サラセン人には海賊業で慣れ親しんでいる、小部隊に分れての襲撃であったのだろう。これでも町や村は耐えられないが、ローマは帝国後期に建設した、二十キロを越える長さの高く厚い城壁で守られている。そのローマに向けられたのが、海賊をやっているのと変らない、サラセン人の攻撃だった。その年のローマは、これで救われたのである。

しかし、城壁の外にあった教会で、一つとして無事に済んだものはなかった。「フォーリ・レ・ムーラ」（城壁外）とつけられた名のとおりに「オスティア街道《ヴィア・オスティエンシス》」沿いにある聖《サン》パオロ教会はもとより、コンスタンティヌス大帝が建立《こんりゅう》させた、また、お前の上に教会を建てる、と言ったイエス・キリストの言葉に従って、聖ペテロが殉教したヴァティカンに建てられたがゆえに、キリスト教世界では最高位とされている聖ピエトロ大聖堂までもが、イスラムの兵士たちに徹底して荒らされたのである。聖《サン》ピエトロ

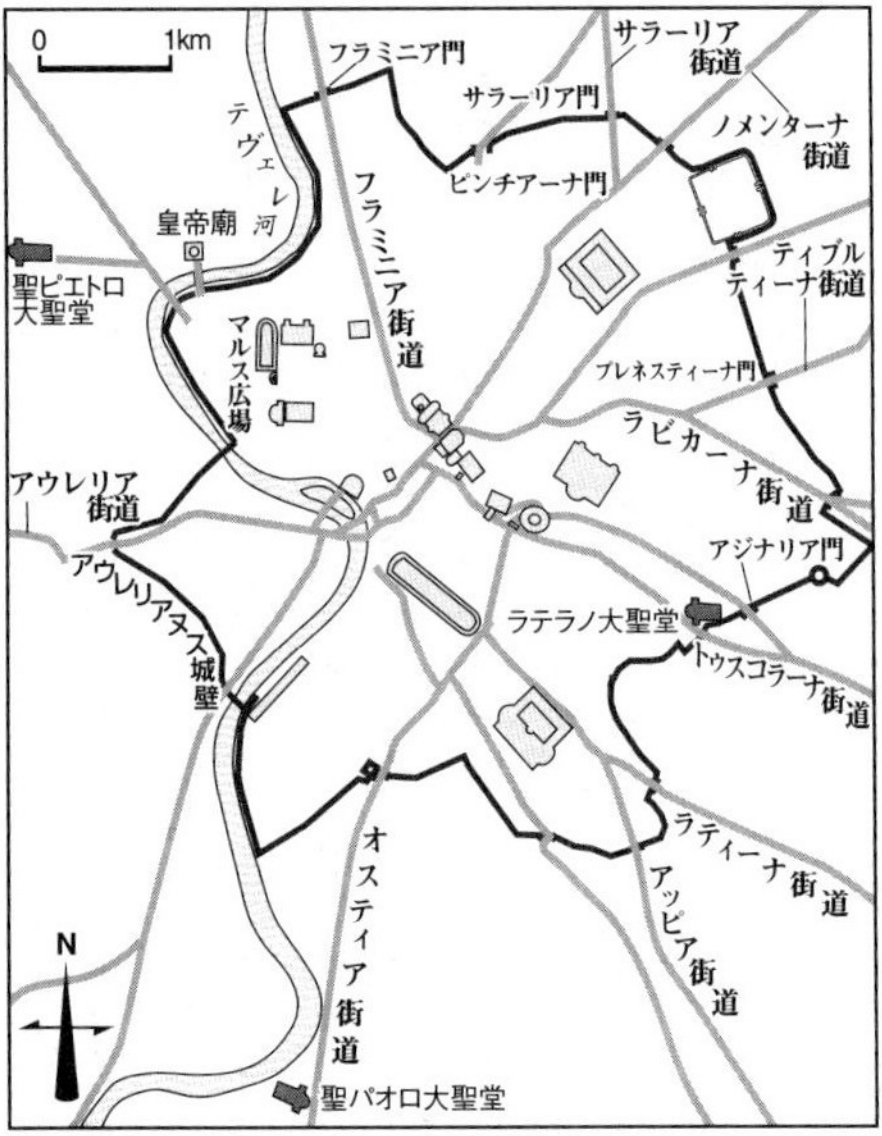

ローマ市略図

大聖堂を馬小屋にしてやる、と言った彼らの言葉も現実になったのだった。

ローマ法王の在所は、城壁の内側に建つ聖ラテラノ大聖堂にある。城壁の外に撃って出る軍事力はなかったが、城壁を一歩も越えさせない気力ならば、ローマに住む人々はまだ持っていたらしい。法王グレゴリウス四世も先頭に立っての激励を惜しまなかったので、市民の全員が起《た》っての防衛は成功したのである。

こうして、市内には入れずとも附近一帯は荒らしまわった末にようやく引き揚げてくれたイスラム軍だったが、オスティア港から船で北アフリカに去った人々を除いた残りは、再びアウレリア街道を北に向い、チヴィタヴェッキアに落ちついてしまった。この港町を、ローマ攻略の前線基地にする考えは変わらなかったのである。ラテラノ宮に住む法王グレゴリウス四世にとっては、「無信仰のイヌどもの頭目」の捕獲を高言する敵が、五十キロの地に居つづけるということであった。

そのうえさらに、北アフリカからは、嵐《あらし》の到来を予告する知らせも届いていたのである。

チュニスを中心とする北アフリカ一帯で、三百隻《せき》の船と二万以上の兵士の編成が進められているというのだ。三百隻といっても、「フスタ」と呼ばれる小型のガレー船が多くを占めていたと思うが、それにしてもサラセン人の組織した船団としては、北アフリカ一帯がイスラム化して以来、最大の規模であることは事実だった。

　この船団の目的もはっきりしている。シチリアの西側に上陸して、今度こそは一気にパレルモを陥とす、がそれである。この遠征軍の指揮官は二人いて、その一人はベルベル人の、ということはアラーの戦士というよりもサラセンの海賊そのものということだが、そのアスバグが指揮をまかされることも決まっていた。

パレルモ陥落

　パレルモは、現代ではイタリアの州の一つになっているシチリア島の州都なので、州知事官邸もあるシチリア最重要の都市だが、古代も、そしてこの中世前期でもまだ、主要都市の一つにすぎなかった。シチリアの最重要都市は、古代からずっとシラクサだったのである。アテネが遠征というリスクを冒しても獲得したいと願ったのはシラクサであったし、統治組織に強い関心をもっていたプラトンがその好例を見ようと訪れたのもシラクサだ。ローマも、アルキメデス考案による新兵器をくり出されて苦戦したが、シラクサを陥とさないかぎりはシチリアを手中にしたことにはならない、と考えていた点では、ギリシア人と変わりはなかったのである。
その後ローマは、地中海を「われらが海《マーレ・ノストゥルム》」にしていく段階で、北アフリカと向き合う位置にあるトラパニやマザーラやアグリジェントが、ローマにとっては重要な港町になっていく。ゆえに古代を通じてパレルモは、これらの都市の次に列する位置にあったのだった。古代が終焉《しゅうえん》を迎えて中世に入った後でも、シチリアを領有していたビザンチン帝国は、その統治に送る皇帝代理《エザルカ》を、シラクサに常駐させるのが決まりになっていた。

この伝統に棹差《さおさ》すかのようにパレルモに標的を定めたのだから、紀元八三〇年当時の北アフリカのイスラム教徒の中に、優秀な戦略家でもいたのかと思ってしまう。なぜなら、シラクサは東、アグリジェントは南、マザーラは南西、トラパニは西に向って開かれているが、パレルモは北に向って開かれているのだ。つまり、キリスト教世界が広がる、地中海の北に向って開かれているということである。「イスラムの家」の拡大を望むならば、パレルモこそが前線基地として最適であり、そのパレルモを陥とした後では、地中海の中央に浮ぶシチリア全島が、兵糧を充分に自給できるという利点までそなえた、巨大な〝航空母艦〟に変わるのだった。

ただし、この大戦略は、初めから大戦略ではなかった、としたほうが真相にはより近いのではないかと思う。

なにしろ、狂信的としてもよいくらいなイスラム教徒のアサドに率いさせ、鳴り物入りで送り出したシチリア征服行も、始めてから三年が過ぎているのにシラクサは陥落していない。シチリアを西から東へ横断する中ほどには城塞《じょうさい》都市として有名なエンナがあったが、ここも天然の要害の地に建つだけに防衛は完璧で、何度攻めてもイスラム軍は撃退されていた。ちなみに、イスラム勢によるシチリア征服のきっかけを作ったエウヘミオだが、このエンナにこもるビザンチン軍に開城の交渉役として出向いたところを捕えられ、シチリアをイスラムに売ったとされて殺されている。イスラムの助けを借りてビザンチンの支配をくつがえし、その後で自分が支配者になるという夢も、三年と持たなかったのであった。

サラセン人たちは、これまでの長年にわたってくり返してきた海賊行為で、シチリアの征服も容易と考えていたようである。それが、思ったようには進んでくれない。

一方、ローマを標的に選んだ同胞たちは、略奪した人と物を満載して帰還し、人々の歓迎を受けている。それを知って、あせったのかもしれない。あせった結果、これまでの海賊の経験から、シラクサよりは断じて守りの手薄な、パレルモに的をしぼると決めたのかもしれなかった。

当初の動機が何であれ、結果としては、恒久的な利点まで視界に収めた、見事な選択をしたのである。それは、これ以降は常に、シラクサよりもパレルモが、シチリア第一の都市になっていくことが証明している。また、賞《ほ》められてよいのは、小規模な軍勢を小出しにする戦法ではなく、大規模な軍事力を一挙に投入したことであった。

マザーラの港から上陸するのは、北アフリカのイスラム勢の、三年このかたの常道になっている。紀元八三〇年のその年もまずはマザーラも目指したのだが、三百隻もの船ではマザーラの港に入りきらず、そのすぐ北にあるマルサラの港と二分したようである。そのためか上陸後の軍勢も二分され、アラブ人が多かった部隊はパレルモへ、一方、アスバグ率いるベルベル人の部隊はアグリジェントへ向った。エンナを攻め、返す刀でシラクサまで狙っていたのである。

ところが、この第二隊が、アグリジェントの近くまで来たところで疫病《えきびょう》に見舞われる。疫病は、体力が弱っているときとか、衛生状態が最悪な場合に人間を襲う。アラブ人よりもベルベル人のほうが衛生に無神経であったのかどうかは知らないが、パレルモに向った第一隊は無事に行軍をつづけているのに、この第二隊だけが疫病によって、見ている前でバタバタと倒れていった。アスバグ自身も、これで死んでしまったのである。残った兵士たちはもはやシチリア征服行どころではない想《おも》いになり、シチリア人を襲って奪った船に乗って、北アフリカに逃げ帰ってしまった。二万人の半分が脱落したことになる。

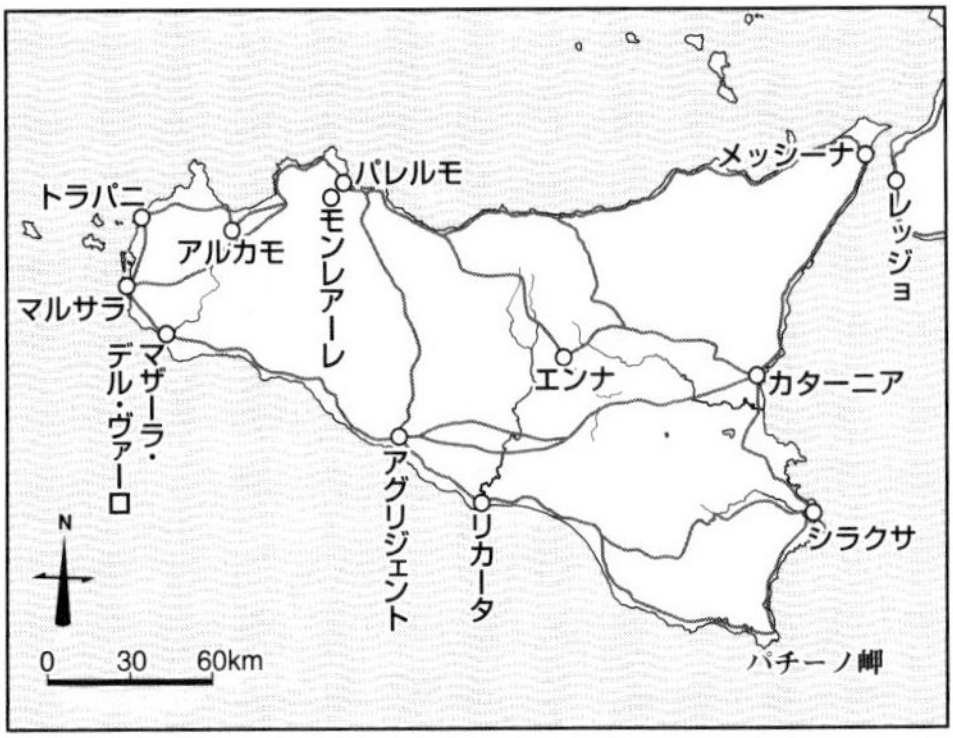

シチリア

だが、パレルモに向った第一隊のほうは意気盛んだった。緑の地に白くコーランの文字を染めぬいた「預言者マホメッドの旗」を先頭にして進軍する、イスラム本流と認ずるアラブ人が多かったということもあった。

パレルモには、前述したように当時はシチリアの主要都市の一つにすぎなかったが、それでも、この年、サラセン近づくの報に周辺地域から避難してきた人々を加えたにしても七万人の人間がいたのである。これ一つ取っても、中世前期のシチリアが、イタリア半島と比べても豊かであったことがわかる。そして、このパレルモに籠城すると決めたのも、これまでの直接間接の経験から、サラセン人の手に落ちた後の運命が、死か奴隷《どれい》かであるのを知っていたからである。この人々による、攻めるイスラム側も驚いたほどの必死の防衛が、一年もの間つづいたのには、市内にいたすべての人が共有していた、恐怖と絶望があった。

そして、もう記すのも嫌になるが、その一年もの間、パレルモの救援に駆けつけたキリスト教徒は一人もいなかったのである。

ビザンチン軍は、守りの固いエンナとシラクサにこもって出てこない。

神聖ローマ帝国皇帝を始めとするキリスト教世界の諸王侯は、自領をかかえこむのに精いっぱいか、少しでも余力がある者は、他人の領土を侵略することしか頭にない。

そしてローマ法王も、行動を起さなかった点では同罪であった。ただし、軍事力をもたない法王の場合は、いかに助けたくても軍事力をもつ者を説得しなければ何もできない、という事情はあったのだが。それにしても、破門という武器を振りかざしての積極的な動きをしたとは、どの記録にも記されていない。

シチリアは、公式にはビザンチン帝国の領土である。だが、そのビザンチン帝国皇帝とローマ法王との関係は、良好とはとても言えなかった。聖像（イコン）をめぐっての教理論争や、皇帝ならばビザンチンの皇帝がいるのにわざわざ神聖ローマ帝国の皇帝をつくったりしたのが、同じくキリスト教徒でありながら、両者の関係を悪化させていたのである。もしかしたらローマ法王の胸中深くには、シチリアで防戦一方のビザンチンを、冷たく見る想いがあったかもしれない。だがパレルモでは、食不足のために多くのキリスト教徒が、餓死したり疫病にかかって死んでいたのだった。


紀元八三一年九月、パレルモをめぐる攻防も一年になろうとしていた。市内では、すべてが欠乏していた。いや、何一つ残っていなかった、と言ったほうが当っている。

パレルモの統治にビザンチン帝国から送られてきていた総督も、そしてパレルモの司教も、防衛戦も半年になろうとする頃にすでに、用意させた船で南イタリアに逃げ出していた。船が調達できず陸路を西に向うしかなかった修道僧たちは、逃げる途中でサラセン人に捕えられ、イスラムへの改宗かそれとも死か、の選択を迫られる。全員が死を選んだ。

陥落も、このような状態では、最後の総攻撃をヒロイックに華々しく迎え撃った末の陥落、などではまったくなかった。少しずつ衰弱して死を迎えた人に似て、無気味な静寂だけが漂う中で終わったのである。一年にも及んだ防衛戦で、六万の人々が死んだと言われている。

陥落後の市内には、いまだ三千人もの人が残っていたという。だが、その多くは弱りきっていて、奴隷として送り出すまでもないと、勝者たちは考えたようである。まだ歩ける男女と子供たちだけが船に乗せられ、それ以外の人のすべてがその場で殺された。

無人の街と化したパレルモには、しばらくして、北アフリカ一帯から送られてきたイスラム教徒が住みつくようになる。無人になってしまっては、パレルモを手中にした意味がない。新しく住民を入れて、都市として再生させる必要があったのだ。

パレルモには早速、チュニスよりは下位にしても、職名は同じの「地方長官《アミール》」が赴任してくる。北アフリカのイスラム勢が、シチリア全島の征服をイベリア半島の征服と同じように重要視しており、パレルモは、そのシチリアの中核にする考えであるのは明らかだった。

一方、キリスト教側では、このパレルモ陥落の意味するところを、正しく認識できた人は少なかったようである。いや、対応策をとろうと思えばとれる地位にあり、そのための力をもっていた人の中には、一人もいなかったとしたほうが当っているかもしれない。

領有権を他の誰よりも主張できる立場にあったビザンチン帝国の皇帝が動いたのは、陥落から四年が過ぎた紀元八三五年になってからだった。いかに当時のビザンチン帝国が、東からはイスラム勢に、北からはスラヴ民族に迫られていたとはいえ、これではあまりにも遅すぎた。

その間にイスラム勢は、例によって、抵抗でもしようものなら容赦なく殺戮《さつりく》し、貴重品どころか食料や家畜まで奪い、若ければ子供であろうと捕えて北アフリカに奴隷として送り出し、その後は火を放って廃墟《はいきょ》にするというやり方で、シチリアの西半分を完全に征服しただけでなく、東半分にまで勢力を拡大していたのである。

しかも、ついに「動いた」という感じのビザンチン帝国だったが、その実態はお粗末と言うしかなかった。

皇帝は娘婿《むすめむこ》のアレクシスをシチリア駐在の皇帝代理《エザルカ》に任命し、その彼にシチリア救援のための大軍の編成を命じたまではよかったのである。ビザンチン帝国が本腰を入れて出てくることの、公式な表明になったのだから。だが、その後となると、衰退に向っている国とその最高責任者、以外の何ものでもなかった。

アレクシスは、いまだビザンチン帝国下にある小アジア西部に出向き、大軍編成に熱心に取り組んだのである。その結果、相当な数の兵士と船を集めるのに成功した。だが、これを知ったビザンチン皇帝の胸は、たちまち暗い疑惑で占められる。アレクシスはこの大軍勢を率いてコンスタンティノープルを攻め、自分を帝位から放逐《ほうちく》するつもりではないかと思い始めたのである。

皇帝の疑惑は、専制君主国には必ず存在する宮廷内の陰謀好きに格好な口実を与えた。突如召喚されたアレクシスは、そのまま牢《ろう》に投げこまれた。牢の中で、ビザンチンの貴公子は考えたようである。考えたというより、何もかもが嫌になった、としたほうが正しいかもしれない。公職も地位も妻も何もかも捨て、修道院に入ることを宣言して釈放された。そして実際に入って、世の中から完全に姿を消したのである。

司令塔である皇帝がこの状態では、海港都市シラクサを基地《ベース》にして、地中海の西半分の海の安全を保障するのが任務のビザンチンの海軍も、積極的なことは何一つできなくなる。もはやその頃では、サラセンの船と出会って逃げるのは、ビザンチンの軍船になってしまった。

北アフリカのチュニジアとシチリアの間の海を、現代ではヨーロッパ側では、「シチリア海峡」（Canale di Sicilia）と呼んでいる。シチリア島がイタリア領だからだが、古代のローマ人は同じ海域を、「アフリカの海」（Africum mare）と呼んでいた。

あの時代ではシチリアも北アフリカも、同一の文明圏に属し同一人の皇帝によって統治されていたからで、そのような場合は、海をはさんで相対《あいたい》する国のどちらかの名をつけようとさして意味はない。だが、中世には、相対する国ともがそれぞれちがう文明圏に属すように変わっている。こうなるとその間に広がる海も、制海権をもつほうの名になるのは自然の勢いというものだ。

中世前期のこの時代、もしもこの海域に名をつけるとしたら、古代の名にもどって「アフリカの海」としたほうが適切かもしれないとさえ思う。なぜなら、この海域の制海権は、もはや完全に、北アフリカに住むイスラム教徒、つまりサラセン人の手中に帰していたのだから。

昔《いにしえ》のローマ人の考え方に置き換えれば、制海権とは、「われわれの海」（mare

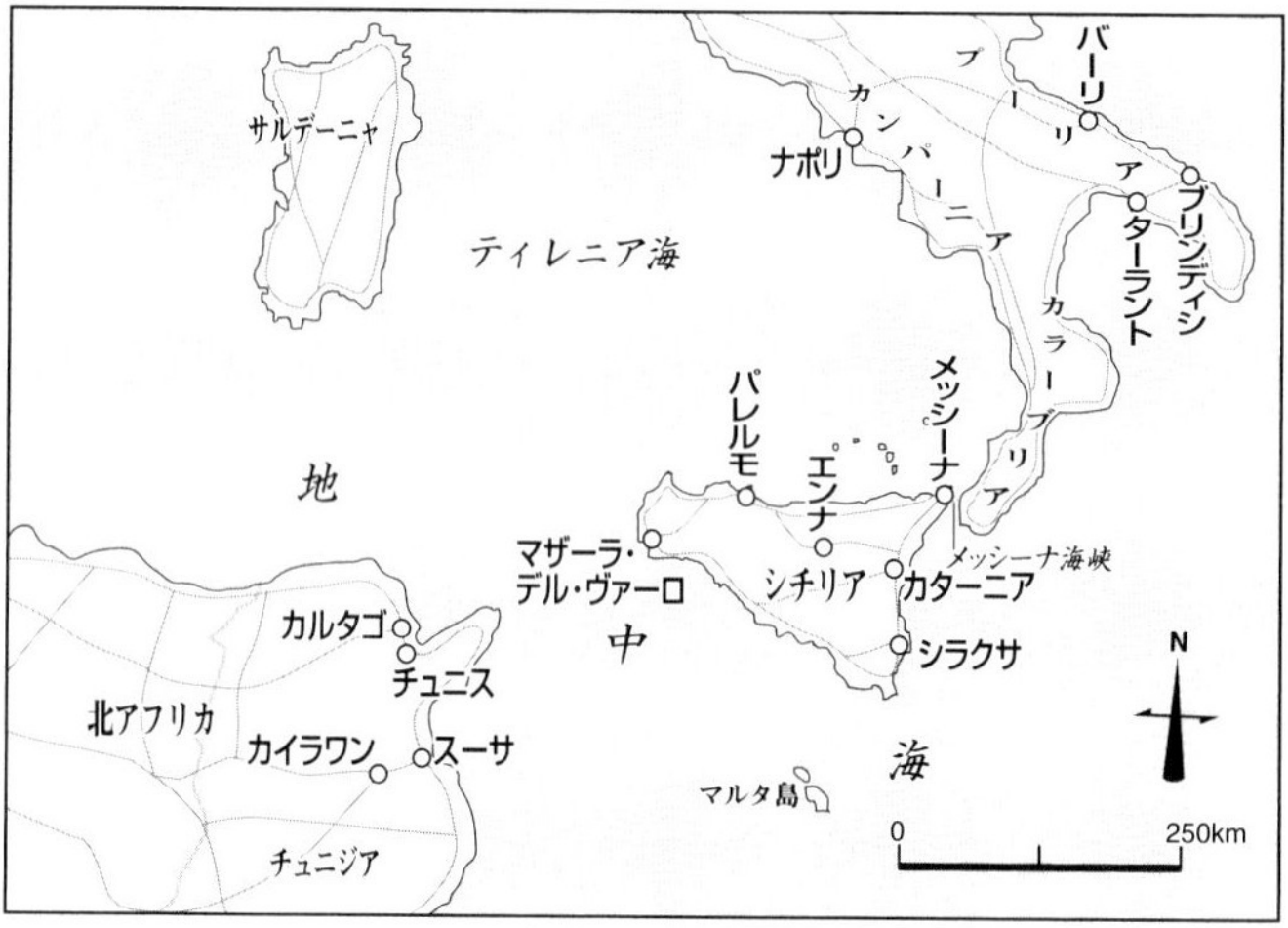

シチリアとその周辺

nostrum）と言える資格である。北アフリカに住むサラセン人が、眼前に広がる地中海を「われわれの海」と思うようになっては、その後にくるのは、その地中海の向うに横たわる陸地もまた、「われわれのもの」という考えになる。しかも、その実現への手段である略奪行には、「イスラムの家」の拡大という大義名分さえもあるのだった。

それにしても、パレルモを手中にした利点は大きかった。そしてこれにつづく、パレルモからメッシーナにかけての海港都市群の征服は、この利点をさらに完璧にしたのである。

シチリアで進行中のイスラム化の影

響を他のどこよりも強く受けたのが、南イタリアだった。長靴に似たイタリア半島の、ひざから下のすべての部分になる。当然だ。それまでは北アフリカから出撃して爆撃し、その後はまた北アフリカに帰還していたのが、その中間に浮ぶ空母にまずは立ち寄り、その後でまた出撃行を再開することが可能になったのだから。カラーブリア、プーリア、そしてナポリを中心にしたカンパーニア地方が、サラセンの海賊による〝爆撃〟の被害をモロに受けるようになったのだった。

「イスラムの家」の拡大という旗印では同じでも、地中海の東と西では様相がちがう。

東方ではイスラム勢は、小アジアの東半分からシリアにパレスティーナにエジプトと、地中海東方を囲いこむ陸地のすべてを征服し終わって二世紀が経《た》つ。その結果、地中海世界の東半分は、もはや完全に「イスラムの家」になっていた。おそらくこの地方の統治も、相当な程度に組織化されていたのではないかと考える。また、イスラム世界では西端に位置していても半島と呼ぶのがはばかられるくらいに広大なイベリア半島の統治支配も、コルドバに本拠をかまえた「首長《アミール》」による中央集権下にあったので、こちらも指揮系統は相当な程度に確立していたのではないかと思う。

拡大路線を突き進んでいた九世紀のイスラム世界の中で、支配の組織化の面で最も遅れていたのが北アフリカであった。現代の国別ならば、リビア、チュニジア、アルジェリア、モロッコ、になる。

この全域を総称して「アフリカ」と呼ぶのも古代のローマからの慣習で、歴史が完全にちがうエジプトは常に別個に考えられてきた。中世に入ってイスラム化しても、この慣習は継承されたのかと思ってしまう。

なぜなら、バグダッドが首都のイスラム世界における北アフリカの位置は、「イスラムの家」の内ではあってもなぜか少し離れた立場にあり、そのあつかいも、相当な程度に自治権を与えられた「アミール」が支配する属領という感じが強かった。「アミール」(amir) の日本語の訳語も、中央からの派遣を意味する「地方長官」とするか、それとも土地の有力者の意味の強い「首長」にするか迷ったくらいである。ちなみに、「首長」と訳している場合は、現代の「United Arab Emirates」が「アラブ首長国連邦」と訳されているのを参考にしてのことである。

要するに北アフリカでは、中世前期ではとくに、支配の形体が確立されていなかったことはっきりしている。イスラム史の専門家たちでさえも、この面になると明確さを欠くのが一般的だ。

しかし、指揮系統もはっきりしないという状態は、その彼らを敵にまわした側にしてみれば、実に困る情況ということになる。指揮系統が明確ならば戦略戦術もその線に沿うから、それを予想し事前に「読み取る」ことは難事ではない。また、大軍であればあるほど、準備や編成の段階で察知することも容易になり、それに対する迎撃体制も立てやすくなる。

ところが、中世前期の北アフリカは、まったくこの逆なのであった。「地方長官《アミール》」の権力でさえも、どこまであったのかはっきりしない。と言って、ときには大軍を組織し、「アミール」自ら率いて攻撃してくる場合もあるのだ。それに、サラセン人は常に、小規模な海賊船団で襲撃してくる場合が圧倒的に多かった。つまり、キリスト教徒たちが嘆いた「いなごの大群」も、一度に固まって襲ってくるのではなく、小規模の群れに分れたそれぞれが、日を変え的を変えての波状攻撃をくり返すのに似ている。予防は絶望的であり、対策も後追いすらできないのが実情だった。

北アフリカのイスラム社会

とはいえ、このサラセンの海賊たちのやり方は、彼らの伝統や習慣、そして性向を思えば、見事なくらいに理に適《かな》っていたのである。

操縦の容易な小型のガレー船も余分なものは積まないことによって船足を稼ぎ、小規模な船団での行動は彼らを神出鬼没にし、キリスト教世界の国や都市の旗をかかげて人々の眼を欺《あざむ》き、上陸した後は時間を空費せずに、海賊としてやるべきことだけをやり、来たときと同じように素早く海の彼方《かなた》に消えるのである。

そして、母国での彼らは、犯罪者ではまったくなかった。いや、英雄でさえあった。まずもって「首長《アミール》」には、略奪してきた物品と拉致してきたキリスト教徒を奴隷市場で売った金額の、五分の一の上納金が自動的に入ってくる。

第二に、キリスト教徒の住む地でのサラセンの海賊行動は、言ってみればテロ戦法であった。それで不安をあおり人々が絶望すれば、軍を出しての征服もより容易になるからである。サラセン人による海賊行為は、イスラム化の前哨戦《ぜんしょうせん》でもあったのだ。

第三だが、北アフリカ一帯に住む人々にとっては、海賊業そのものが産業として確立しつつあった事実をあげねばならない。つまり、直接には海賊業に手を染めない人々にも、職を与えていたということである。

略奪した物品や拉致してきたキリスト教徒を「収益」に換えるには、それらの商品価値を判断し、市場に売りに出す人間が必要だ。また、この人々には、もう一つ別の仕事もまかされていた。拉致してきたキリスト教徒たちを収容しておく、「浴場」の管理と運営である。

古代から、「浴場」という言葉には二つの意味があった。入浴する場所と、戦闘で敗れた捕虜たちを収容しておく場所、の二つである。

古代と中世では、言葉は同じでも意味がちがってくる例は少なくないが、「浴場」もその一つである。なぜなら、入浴を重要視しなくなった、いや、入浴による愉楽は人間を堕落させるがゆえに有害とさえ思われていた中世のヨーロッパでは、ローマ時代には「庶民の宮殿」とまで言われた豪華で設備も完備した公共浴場も廃墟と化し、公衆浴場という言語自体も忘れられていた。そして、同じ時代の北アフリカでは、拉致してきた異教徒を収容しておく施設、を意味するようになっていたのである。

ゆえに中世で「浴場」と聴いてまず思い浮べるのは、強制収容所のことであった。だが、二十世紀ナチの強制収容所とは、あらゆる面でちがう。

八世紀から十八世紀まで存在した北アフリカの「浴場」では、外部から寄せられる雇用に応じて収容所の外に出て行って、労働することを許していたのである。つまり、奴隷の一大収容施設であったのだ。労賃は、直接に奴隷に払われるのではなく、「浴場」を管理し運営するイスラム教徒に支払われ、「浴場」にいる全員の食費等にあてられていた。もちろん、管理人が最も熱心に従事したのは、与える食事の量と質を極度に切りつめて、自分のふところに入る部分を増やすことであった。

また、海賊業は、雇用創出ということでも重要になっていた。船大工を始めとする職人たちも、海賊業を効率良く進めていくうえで欠くことは許されない。ガレー船とて、使う回数が増えれば、消耗度もそれに比例して高くなる。しばしば新しく船を建造する必要はあり、修理修復の必要に至っては言うまでもない。だが、北アフリカのイスラム教徒には、この種の仕事に適した人間は常に不足していた。それゆえ、シチリアや南イタリアの海港から拉致してくる人々は、この面でも有用だったのである。

そして最後は、雇用創出という視点に立つならば最も重要な、海賊業に直接にたずさわる人々がくる。要するに、ピラータと呼ぼうがコルサロと呼ぼうが「海賊」だ。危険の多い職業ということならば、海賊も兵士と同じだった。敵側の船と出会って交戦中に殺されることもあるし、町を襲撃中に死ぬこともある。海賊船とて、嵐で沈没する率は低くはなかった。海賊は、成功して帰った後で手にする報酬も多かったが、リスクも多い職業だったのである。

だがそれだけに、収益の五分の一を上納される「首長《アミール》」から船主から船長までが、能力ある人材の発掘には積極的であったのだ。

拉致してきたキリスト教徒のうちでも壮健な体格の若い男ならば、ほとんどがガレー船の漕《こ》ぎ手にまわされたが、その中にはときに、危機に直面した際の対処とかのさまざまな面で目立つ存在がいる。それを、リクルートするのである。

ただし、キリスト教徒のままでは不都合なので、イスラム教に改宗させる必要があった。策略をめぐらせて、その若者がイスラム教徒の誰かを殺させる方向にもっていく。異教徒がやむをえずにしろイスラム教徒を殺そうものなら、待っているのは死刑しかない。だが、イスラム教徒が他のイスラム教徒を殺しても、やむをえずであったと証言する者がいれば、正当防衛が認められる。これが、有能なキリスト教徒をリクルートする彼らのやり方だったが、なにやら現代国家の「インテリジェンス」（諜報《ちようほう》機関）が得意としている、スパイのリクルートに似ていないでもない。

いずれにしても、海賊業も産業化すれば、成功か失敗かを決めるのは、他のすべての仕事と同じで「人」なのである。後には、サラセンの海賊に拉致された南イタリアの若者がトルコ海軍の総司令官になる例まで出てくるが、それにはまだ七百年待たねばならない九世紀当時でも、サラセンの海賊船の船長になる、元キリスト教徒ならばいたのである。興隆期とは、誰にでも機会が与えられる時代だが、八・九・十の三世紀間は確実に、その気運は北アフリカのイスラム側に強かった。

しかし、海賊業の産業としての成功は、他の産業に向けられる関心と投じられるエネルギーの減少につながっていくのは止められなかった。カルタゴが支配していた時代もローマ帝国に組み入れられた時代も、北アフリカ一帯は豊かな耕作地帯であったのだ。ローマ帝国の穀倉とまで言われ、古代には農産物を輸出するほうで知られていたのである。

それが中世には一変し、襲撃に行った先で小麦などの農産物まで奪うようになる。収穫したばかりの農産物まで奪われてしまう側にも同情するが、小麦のような量はあっても値は安価な物まで奪わねばならなかったのかと、それにも愕然《がくぜん》とするのだ。

北アフリカのイスラム教徒たちは、海賊業に拠《よ》って立つ生き方に、ますます傾斜していたのだった。これが、長い眼で見れば、地中海の南側に住む人々を少しずつ蝕《むしば》んでいく要因につながっていくのである。

だが、時代はいまだ、中世も前期の九世紀であった。海賊業のみに全エネルギーを投入し、それゆえに攻撃的で強力であった時代である。その彼らが、今やシチリアという中継基地まで使える状態になったのだ。ローマから南の海沿いで、安全に暮らせる地は一つもなくなった。

ガエタ、ナポリ、アマルフィ

この現状に他のどこよりも敏感に反応したのが、ナポリを中心とするカンパーニア地方であったのも当然だ。イタリア半島でも最も地味豊かな耕作地帯として知られ、古代のローマ人が「カンパーニア・フェリックス」(幸運のカンパーニア)と呼んだくらいだった。

この地方はビザンチン帝国とロンゴバルド諸公国の支配圏の境界に位置していたのだが、それゆえか九世紀当時は、一種の権力の空白地帯にあったのである。豊かな後背地に恵まれ、それでいて圧制の外にあるとなれば、人間が考えることは決まっている。事実上にしても、独立した共同体を設立することだ。そう考え実行したのはいずれもローマ時代からつづいていた海港都市で、北から南に、ガエタ、ナポリ、アマルフィ、がそれだった。統治組織も、執政官《コンスル》をトップにする共和政である。

だが、これらの海港都市には、共通点がもう一つあった。常に地中海を眼前にしているためか、北イタリアよりも北アフリカのほうに、より近しい感情をいだいていた点である。なにしろ、これら海港都市の港はすべて南に向って開いている。そのうえ、足は船、という生き方でも共通している。海賊だって、「足」は船であったのだが。

北アフリカがイスラム化された後でも、このような考えをもつのに慣れてきたカンパーニア地方の人々には、異教徒と交易するのにためらう想いは、少なかったのではないかと想像する。カンパーニア地方は中世に入ってもなお、農産物の輸出地帯でもあったのだから。

これに加えて、彼らにとっては眼と鼻の先という感じのシチリアでも、イスラム化が着実に進行中だった。その中心地のパレルモから出港してくる海賊に略奪され拉致《らち》されるよりも、そのパレルモの住人であるイスラム教徒と交易したほうがよいと考えたとしても、非難は浴びせにくい。もちろん、キリスト教側に立てば非難は可能だ。

キリスト教世界にとってイスラムは敵なのだから、敵と友好関係を結ぶのは裏切りになるからである。だが、それを非難した人々も、カンパーニア地方の海港都市の安全を守るために、船隊を組んで出動したわけでもないのだった。

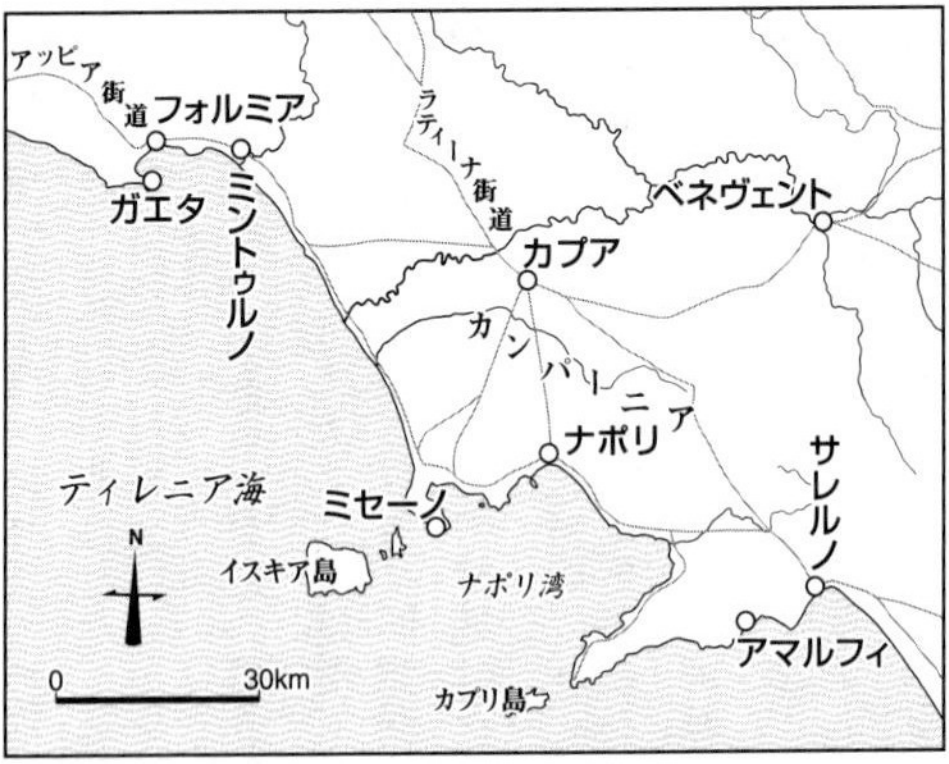

カンパーニア地方とその周辺

それどころか、同じキリスト教徒でありながら、内陸部の領有で満足しないロンゴバルドの諸公国は、これらの海港都市にまで食指をのばしていたのである。三海港都市の中ではとくに豊かな後背地に恵まれたナポリには、ロンゴバルド公国の一つであるベネヴェント公国の、公自ら率いる軍が攻撃をかけてきた。

紀元八三五年、パレルモがイスラムの手に陥《お》ちてから四年しか過ぎていないその年、海からはサラセン、背後からはロンゴバルド、の状態になったナポリは、パレルモにいる「アミール」との間に友好同盟条約を結んだのである。

ローマの法王は、キリスト教徒とイスラム教徒の間に結ばれたこの条約を、「悪魔との同盟」と言って非難した。宗教上の差異は考慮に入れないとしても、「危ない橋」であることは確かだった。

パレルモの「首長」が送ってきた船団を眼にするや、ロンゴバルド人は攻撃続行をあきらめて撤退したので、当面の心配ならば除かれた。だが、同盟関係とは常に、強い側の意向に左右される。同盟関係も、それを破ろうものなら後が大変だ、と相手側が思わないかぎり、その継続は保証されない。

ひとまずにしろナポリを中心とした一帯に住む人々は安眠をとりもどすことはできたが、サラセン人にとっての海賊業はもはや産業化している。つまり、生活していくためにもつづけざるをえないということだ。ゆえにサラセンの海賊の襲撃の的だけが変わり、長靴のかかとに当るプーリア地方に向けられるようになった。それまでは比較的にしろサラセン人に襲われる度合が少なかったこの地方も、海賊の視界に入ったことになる。

しかも、この地方に眼をつけたイスラム勢は、海賊をするだけでは満足せず、シチリアに似た完全領有を狙《ねら》っていたようである。なぜなら、攻撃の的を、古代から良港として知られ、背後には豊かな小麦畑も広がる、ターラントとブリンディシにしぼったからであった。

南伊の公式の支配者はビザンチンの皇帝だが、ビザンチン勢が撤退してからは、ロンゴバルド族の一つであるベネヴェント公国がかかえこんでいた。こう書くのは、防衛と安全の保障という支配者の義務は果していないにかかわらず、ただただ支配権を主張し、ときにはそれを実証するように、軍勢を送ることだけはしていたからである。

北アフリカとシチリアからのイスラム勢は、ナポリと同盟を結んで以後の五年間に、このベネヴェント公国の軍勢相手に三度戦い、三度とも勝っていた。キリスト教徒は臆病《おくびょう》なイヌだとの思いこみは、サラセンの海賊の間ではますます強くなる。源をたどればロ北欧のスカンディナヴィア地方から南下してきてイタリアに落ちついたのがロンゴバルド族だが、キリスト教に改宗してから三百年が過ぎている。イスラム教徒の眼から見なくても、もはや立派にキリスト教徒だった。そのロンゴバルド人が相手ならば、プーリア地方も容易に征服できると思ったのにちがいない。このサラセンの前にはロンゴバルドの兵士は立ちふさがらなかったが、ヴェネツィア共和国が立ちふさがったのであった。

なぜヴェネツィア人がこの機に出てきたのかの理由だが、公的にはビザンチン帝国からの要請に応《こた》えてであったと伝えられている。

五世紀半ばに大挙侵入してきた蛮族から逃れるために、一面海水の潟《ラグーナ》に住民共同体を建設したときがヴェネツィア共和国の建国とするならば、九世紀半ばのこの時代はすでに四百年が経過している。しかし、一千四百年近いこの国の長い歴史の中で初めの四百年は、人間に譬《たと》えれば、ようやく青年期に足を踏み入れた、とでもいう年頃にあたった。

ヴェネツィアの公式の支配者は長くビザンチン帝国だったが、その西端に位置していたこともあって、専制君主による支配のマイナス面である政治・経済・宗教すべての分野での圧制の圏外にあるという幸運に恵まれる。それでいてビザンチン帝国の首都コンスタンティノープルに向うヴェネツィア商人は、他のヨーロッパの商人たちよりは有利な条件を享受《きょうじゅ》していたのである。それはヴェネツィアが、ビザンチン帝国が必要とするものを与える力を持っていたからであった。

ビザンチン帝国からヴェネツィア共和国への最初の要請は、当時、アドリア海を舞台に暴れていたスラヴ系の海賊退治である。彼らの巣窟《そうくつ》はアドリア海の東岸に散在していたので、この地域に力をつけたスラヴ民族に定着されようものなら、そことは地つづきのコンスタンティノープルまでが脅《おび》やかされる危険があるからだった。もちろん、ヴェネツィアはこの要請を受ける。建国当初から通商立国を目指していた彼らにすれば、アドリア海は通商交路であり、その安全航行の確立は、死活の問題であったからだ。とはいえ九世紀前半のこの時期は、それもいまだ完了にはほど遠く、手をつけ始めたというところだった。

後には中世・ルネサンス時代のヨーロッパの大国の一つになるヴェネツィア共和国を〝解読〟する鍵《かぎ》は、国益最優先、につきる。政治でも軍事でも宗教でも、優先するのは常に国益なのである。他の国の統治者が信仰とか名誉欲とかで頭に血がのぼった状態になったときでも、ヴェネツィアの統治者たちだけはそうはならない。憎らしいくらいのリアリストの集団が、ヴェネツィア共和国なのである。

紀元八四〇年のこの当時も、たとえビザンチン帝国からの要請がなくても、ヴェネツィア海軍は出動しただろう。なぜ、への答えは、地図を見るだけで充分だ。ターラントやブリンディシのあるイタリア半島のかかとがイスラム化されようものなら、アドリア海の出口はふさがれてしまうことになり、ヴェネツィアは東方との交易どころではなくなるのだ。手をつけたばかりのアドリア海の制海権確立のための苦労も水泡に帰す。アドリア海の奥から出られないようになっては、ヴェネツィア共和国は死ぬのだった。

しかし、九世紀当時のヴェネツィア海軍の規模は、海軍と呼べるようなものではなかった。元首《ドージェ》ピエトロ自ら率いての出動だったが、ターラントの港外に姿を現わしたのは、ガレー船の六十隻《せき》である。規模だけでなく戦術も兵士たちの闘いぶりも未熟だったのにちがいない。サラセンの海賊相手に、徹底的な大敗を喫してしまったのである。

ほとんどが戦死し、生き残ったわずかのヴェネツィア人も捕虜になり、北アフリカの「浴場」に送られた。元首の乗った船と他にごく少数の船だけが逃げるのに成功したが、これも追撃に次ぐ追撃を受け、アドリア海を北上して湾の中に逃げこむまで、背後に迫る恐怖を忘れられなかったという。

しかも、サラセン人たちは、今のところはヴェネツィア本国への攻撃はあきらめるという、冷静さも持ち合わせていた。その代わりと言うか、アドリア海をもどってくる道すがら、出会う港町という港町を次々と槍玉《やりだま》にあげることは忘れなかったのである。ポー河の河口からは少しばかりにしろこの大河を溯《さかのぼ》っては荒らしたし、ローマ時代からの港町であるアンコーナも襲撃をまぬがれることができなかった。そのたびごとにサラセンの船は略奪した物と人を乗せるので、ターラントの港に凱旋《がいせん》してきたときには、すべての船が沈みそうなほどに重くなっていたという。

これで味をしめたのか、ターラントからは翌八四一年にも、サラセンの海賊船団がアドリア海を北上した。前年に手ひどい打撃を受けていたヴェネツィアだが、迎え撃つガレー船団は出動する。だが、その年も敗北したのだ。ヴェネツィアの船は、再び潟《ラグーナ》の中に逃げこむしかなかった。

中世後期には地中海の女王と言われ、キリスト教艦隊もヴェネツィアが参戦したときだけは勝つ、と言われるようになるヴェネツィアの海軍だが、中世前期のこの時期はこうも惨《みじ》めな姿をさらしていたのである。

もしもイスラム側が、この時点でダメ押しの行動に出ていたら、アドリア海もまたイスラムの海になっていただろう。スラヴ人も、同じ海賊である。こうなればアドリア海は、商人の海ではなく海賊の海になっていたにちがいない。

イタリアとその周辺

だが、これを救ったのもサラセン人であった。彼らは、一貫して慎重に忍耐強くことを進めていくやり方が得意ではない。シチリア制覇を進める一方で、イタリア半島にもサルデーニャにもコルシカにも手を伸ばす。アドリア海も、めざましい成果をあげていながらその後は、何ごともなかったかのように忘れてしまう。

一方のヴェネツィア人は、これとはまったく反対の性格の持主だった。敗北は直視しながらも、ゼロから再び始める持続する意志と忍耐力はあったのだから。だが、サラセンの海賊相手に二度も敗れた事実は、ヴェネツィアに追われて複雑な入江の奥にひそんでいるしかなかったスラヴ人の海賊たちを勇気づけ再起させたにちがいない。アドリア海の海賊退治は、まったくゼロからやり直さねばならなかったのだった。

再びローマへ

しかし、ヴェネツィア海軍の敗北の影響は、アドリア海のみの問題では済まなかったのである。二年後にはメッシーナが陥落して、シチリアの北部も完全にイスラムのものになった。「臆病なキリスト教徒のイヌども」のトップであるローマ法王が住む地に、攻めこむ障害は何一つなくなったのである。

ローマからは五十キロしか離れていないチヴィタヴェッキアの港も、すでにイスラムが占領している。そのローマに向う船の出港地も、パレルモとメッシーナという良港が、二つとも使えるようになった。当時のイタリア南部の陸上戦力といえばロンゴバルド族だが、そのうちの一つのベネヴェント公国は、すでに何度も破っているから出て来ないにちがいなく、他の公国も仲間争いに忙殺されていて、問題視する必要もない。これらのいずれも、ローマの救援には出て来ないと、イスラム側は判断したのである。それにヴェネツィアも、アドリア海の奥に引っこんだまま、の状態にあった。

カイラワンの「アミール」は、今こそ聖戦遂行の好機と見、チュニスやアルジェやトリポリの「アミール」たちに、そのための準備と実行を命じたのである。

それに、コーランの教えを忠実に実行する事柄の一つである聖戦では、次のことも許されていた。

神の教えを誤って信じている人々、つまりキリスト教徒とユダヤ教徒、の持物を奪うのは正当な行為であり、誤った信仰をもつ人々を捕え奴隷《どれい》にするのも正当な行為になる、ということである。ゆえに、聖戦の呼びかけだけで動く信心深いイスラム教徒だけでなく、プラス・アルファのほうにより魅力を感じているサラセン人、つまりは海賊、までも加わることになったのだった。

彼らは、これまでのたびたびの海賊行で学んでいたのである。大規模な修道院や町中の主要な教会には、キリスト教徒たちの奉納した財宝が集まっているということを。

十五年前の紀元八三〇年にローマの城壁前まで迫ったときは、城壁にはばまれて市内に入ることはできず、荒らし略奪したのは、聖《サン》ピエトロや聖《サン》パオロを始めとする城壁の外にある教会だけだった。この両聖堂ともローマにある教会の一位と二位を占めるくらいに重要な教会だが、城壁の内側には、法王の御座所になっているラテラノを始めとする、ローマにおける七大聖堂の三つがある。教会以外にも、貴族や豪族の屋敷が集中している。イスラム教徒にとってのローマは、「誤った信仰の徒の頭目の住む都市」にプラス、莫大《ばくだい》な獲物が見込める都市、でもあるのだった。

北アフリカの各地から出港したイスラムの船は、まずはシチリアのパレルモに集結した。規模も総司令官の名もわかっていない。記録にはただ、季節は夏で、集まったのは大船団、とあるだけである。パレルモからは、二隊に分れて出港した。一隊はメッシーナに寄港し、その後はイオニア海に入ってターラントに上陸する。上陸後は古《いにしえ》のアッピア街道を通って、ローマを目指すつもりでいたのかもしれない。

どうやら主力であったらしい別の一隊は、パレルモを出た後は一路北上してティレニア海に入る。そしてそこからはさらに三分し、一隊はリコーザに上陸した。古代の神殿の遺跡で現代でも観光史跡として有名なペストゥムの南にある岬なので、ここを押さえれば、アマルフィもナポリもガエタも、商船を出すことさえもできなくなる。

同時に別の一隊は、ポンツァの島に上陸し、その小島を占拠した。ポンツァは、ローマ帝国時代にはスキャンダルを起したりして困った存在になった皇帝の一族を、島流しというよりも隔離が目的で送っていた島である。絶海の孤島ではまったくないが、

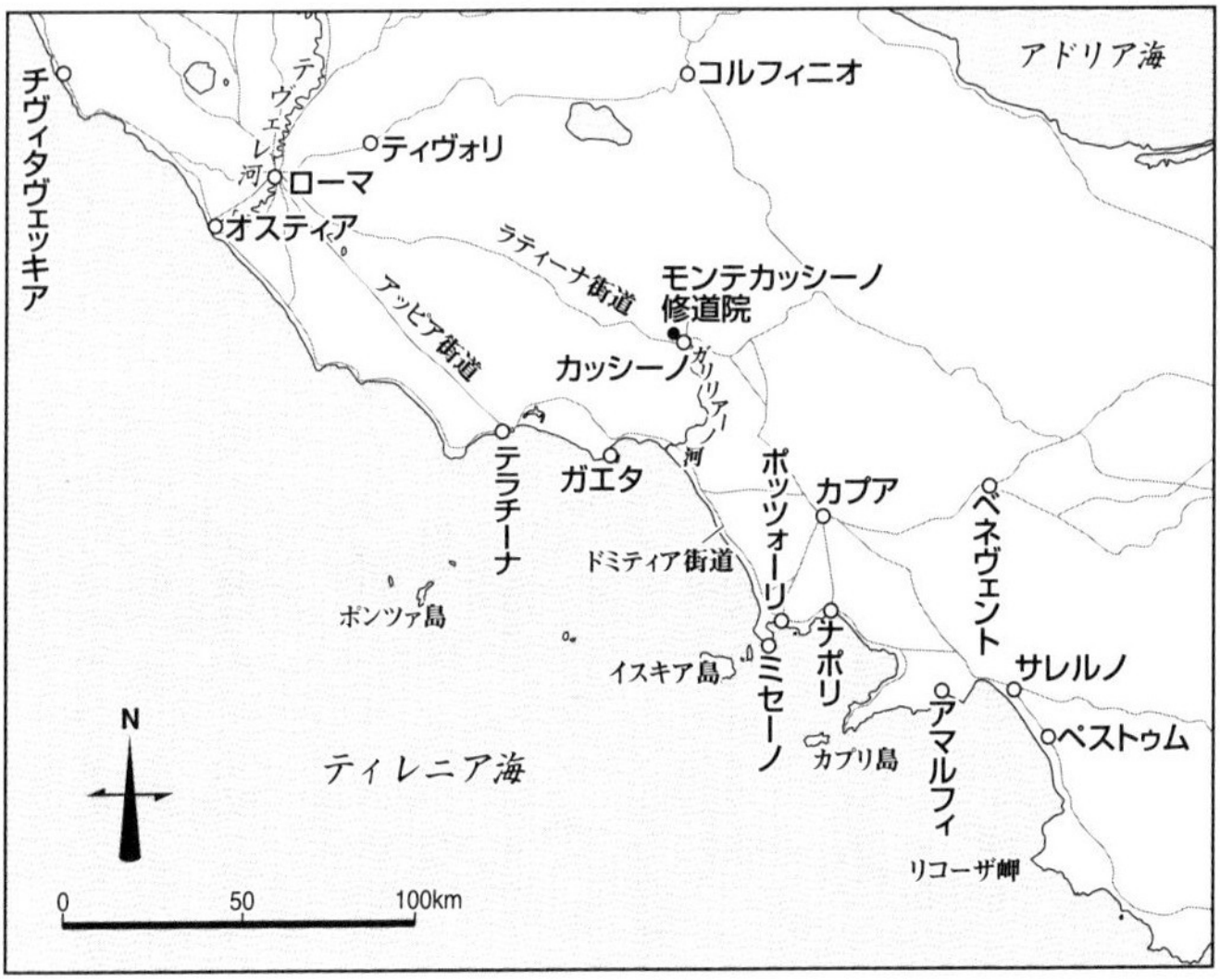

イタリア中部

ここを押さえると、南イタリアからローマへ向う船が通る海域を一望のもとにすることができる。このポンツァは、ナポリの勢力下にあった。同盟条約を結んでいながら、ナポリには何の通告もなしに占拠したのだ。第三隊はどうやら、すでに占領しているチヴィタヴェッキアの港に向ったようである。

これだけ見ても、なかなかの戦略である。サラセンの海賊には行き当りばったりで行動する傾向が強いが、この年だけはカイラワンの「首長」が満を持して発した聖戦の宣言にふさわしく、相当に練った戦略に基づいていたのかと思ってしまう。

この危険に、他の誰よりも先に気づいたのがナポリの執政官《コンスル》だった。執政官セルジョは、ガエタとアマルフィの海港都市に呼びかける。これら三海港都市の代表たちも、ローマが陥ちようものなら南イタリアはすべてイスラム化するという恐怖は共有していた。早速、船団が組まれた。そしてその船団を率いてリコーザに向い、その近くに停泊しているイスラムの船団を囲んで脅したのである。パレルモにもどるか、それともこの海で血祭りにあげられるのを待つか、と。

サラセンの海賊は、上陸して奪うのは得意でも、海上での戦闘は好きではない。それで引き揚げることにしてリコーザを後にしたのだが、ここで莫大な収獲も期待できる聖戦をあきらめる彼らではなかった。また、ナポリとの約束に縛られる彼らでもない。ナポリ人とて、キリスト教徒ではあったのだから。

それで、リコーザの岬は後にしたが、パレルモのある南には向わずに北に向ったイスラム勢は、もはやナポリの意向などは無視して、ナポリ湾の西端に位置するミセーノに上陸したのである。

ミセーノは、ローマ帝国時代は最重要の軍港が置かれていた地として有名だった。多くの船が停泊可能な港があるだけでなく、陸上の交通の便もよい。ドミティア街道、アッピア街道と乗り継げば、ローマには一直線で着ける。

このミセーノで兵士と馬を降ろした後、船だけは海上を北にローマの外港オスティアに向った。ナポリも無視したのだから、ガエタに至っては、陸上を北上する兵士も海上を北上する船も無視である。古《いにしえ》のローマ街道を行くイスラムの兵士たちは、口々にスローガンを叫びながらローマを目指したのだった。

「不信心の者どもの聖なる都《みやこ》を、略奪し破壊しよう。そしてその瓦礫《がれき》の上に、アラーの栄光をたたえてモスクを建てるのだ！」

八月の強烈な陽光も、兵糧《ひょうろう》確保の必要からも略奪しながら行軍する、北アフリカからの侵略者たちには苦にもならないようであった。

紀元八四六年のローマの法王位には、三年前からセルギオス二世が就いていた。中世も前期では法王の生年すらもはっきりしない場合が多いので、この人物の年齢もわかっていない。だが、この翌年には死んでいるので、その年の法王は高齢か病身かであったのだろう。イスラムの大軍に迫られながら、積極的に防衛の陣頭指揮に起《た》ったわけでもなかった。しかし、ローマの防衛には、ローマの住民たちが起《た》ったのである。イスラム軍の規模も、初めてローマ側の記録で明らかになる。

船は七十三隻。そのうちの五十隻は大型船で、残りの二十三隻は「細身《ソッティーレ》」とあるから、軍事目的のために建造されたガレー船ではないかと思う。

アラブ人とムーア人にベルベル人も加わった攻撃軍の総数は、およそ三万。このうちの一万五千が歩兵だというから、三万という数は、漕ぎ手も加えての数かもしれない。ただしイスラム船では、漕ぎ手にはキリスト教徒の奴隷を使うのを常としている。互いに鉄鎖でつながれ、それはしばしば漕ぎ台に固定された形で鞭打《むちう》たれながら漕ぐこの人々は、単なる船の〝モーター〟であって兵力ではない。ゆえに純粋な意味での戦闘員の数は、どんなに多く見積もっても、二万が限度ではなかったかと思う。周囲二十キロを越える城壁に守られた大都市を攻撃するには、あまりにも少ない兵力だった。だが、この規模が、当時の北アフリカのイスラム世界が動員できる、限度であったのかもしれない。

しかし、軍隊の動員数は人口を反映しないでは済まない。ローマ帝国も末期には人口が激減していたので、戦場に投入できる兵士の数も、全盛期とは比べようもないくらいに減った。そしてそのままの状態で中世に入ったのだ。動員できる数が少ないのは、地中海の南のイスラム世界でも北のキリスト教世界でも、似たような事情にあったのだろう。ある面では、貧者同士の対決、と言えないこともなかった。

一方、ローマ帝国の遺産である堅固で頑丈なつくりの城壁が延々と連なるローマには、イスラムの進攻を聞き知った、これまでにもサラセンの海賊の被害をこうむってきた人々も避難してきた。その人々とローマの住民たちに共通していたのは、「絶望」であったろう。だが、「窮鼠《きゆうそ》猫を噛《か》む」のである。絶望したネズミたちは協力して、猫に向って起《た》ったのである。首都防衛には、近隣の地にいたロンゴバルドの兵士も、偶然にローマに駐在中だったフランクの兵士も加わる。近郊に領地をもつ豪族たちも、配下の男たちを引きつれてローマに着いた。常には猫のひたいほどの領地をめぐって争ってばかりいた男たちも、ローマの危機には日頃の憎悪《ぞうお》も忘れたのである。「絶望」と「信仰」が、消極性と利己心を超越したのかもしれない。誰か一人が、総指揮をとったわけでもなかった。それでいて防衛側は団結し、士気も高かった。

アウレリアヌス帝が建てたことから「ムーラ・アウレリアーナ」と呼ばれている、

ローマをめぐる高く厚い城壁の前に到着したイスラム軍は、何よりもまず、城壁の上からの矢の雨を浴びることになったのである。そして、それが止《や》まない間に今度は、投石器から投げてこられる大石に、次々と狙い撃ちにされた。

イスラムの兵士の武装は、自由に動けることを優先して作られている。それゆえに、矢や石からの防衛にはほとんど役に立たない。さらに、じっくりと腰をすえての長期にわたる攻城戦は、彼らの得意とするところではなかった。「不信心のイヌどもの聖なる都」の攻略も、防衛の側が食糧の欠乏に音をあげて降伏してくるのを待つことにしたのである。と言って二万の兵士では、二十キロ以上もの城壁がめぐるローマを、蟻《あり》のはい出るすき間もないくらいに包囲するなど不可能であったのだが。

攻め入るのはやめた代わり、城壁の外に広がる地は徹底して荒らしまわった。聖《サン》ピエトロも聖《サン》パオロの大聖堂も、真先に襲われる。法王庁の記録では、キリスト教を公認したコンスタンティヌス大帝から始まって神聖ローマ帝国の創始者シャルル・マーニュに至る歴代の皇帝たちが奉納した、金銀の聖器のすべてが奪われたというが、これは誇張された記述ではないかと思う。十五年前にもすでに、相当に略奪されていたのだから。

しかし、「五百年の間に奉納された貴重な品々を集めた一大美術館」の幾分かは、やはり略奪されたのだろう。十五年前の略奪の経験を活《い》かして城壁内の教会に避難させるというのは現実論だが、キリスト教徒には、いざとなれば神が守ってくださる、とする想《おも》いが強い。それに、聖ピエトロも聖パオロも重要このうえない教会なので、空《から》にしておくわけにはいかなかったのだろう。つまり、イスラムの兵士たちには、今回もまた相当な収獲をもたらしたのだ。キリストを描いたモザイクに向って矢を放ったり、夜明けまで内陣で乱舞したりして楽しんだという。

だが、これを伝え聴いた市内のキリスト教徒たちが激昂《げっこう》したのである。次の夜、夜中秘《ひそ》かにテヴェレ河を渡った人々は聖《サン》ピエトロ大聖堂に侵入し、燃えさかるたいまつを先頭にイスラムの兵士たちに襲いかかったのだった。これは成功し、少なくとも聖ピエトロ大聖堂からは、イスラムの兵士たちは放逐された。

そして、聖《サン》ピエトロ大聖堂奪還の成功は、市内にいた人々を力づけただけでなく、その知らせはまたたくうちに、中伊全域にまで広まったのである。ローマだけが起《た》ったのではなく、イタリアの中部すべてが、対イスラムに起ったかのようであった。アウレリア、カッシア、サラーリア、ノメンターナ、ティブルティーナと、古代からローマには、北からだけでも五本もの街道が集まってくる。中世前期でもまだ、すり減ってはいても使えた。古《いにしえ》の街道を通って、ローマにまで来れたのだ。そして、紀元八四六年も、これらの街道を通って人々が、ローマを救うために集まってきたのだった。

信仰のためか、勇気によるのか、それとも危機を目前にしての絶望かは知らない。もしかしたら、このすべてであったかもしれない。だが、これらの続々と集まってくる人々を見て、驚いたのはイスラム側だった。

これまでに彼らが知っていたキリスト教徒は、「臆病で反抗する勇気さえもないイヌ」だったのである。それが今、向ってくる。しかも、群れをなして。逃げ始めたのは、イスラムの兵士のほうだった。それも隊も組まず、略奪した物品だけは持ち帰ろうとするからなお混乱し、散り散りになって逃げ出したのである。

オスティアの港で待つ船を、目指して逃げた兵士もいた。アッピア街道を通って、南へ南へと逃げた者もいる。全員が南に逃げたのは、ローマの救援に馳《は》せ参じた人の多くが、北に通じている街道を来たからだった。何であれ、キリスト教徒の来ない方角に逃げたのだ。しかし、冬も間近の季節、彼らが向った南も、安全ではなくなっていた。

ガエタ、ナポリ、そしてアマルフィと、シチリアのイスラム教徒と同盟条約を結んでいた南伊の海港都市も、今度ははっきりとキリスト教側に立つ。これで、南伊に逃げたイスラムの兵士たちは、ローマとナポリの中間地帯ではさみ撃ちの状態になってしまった。

絶望したイスラム兵は、当時彼らの間で活用されていた、伝書鳩《でんしょばと》を使っての通信で、パレルモの「地方長官《アミール》」に救援を求める。「アミール」はそれを受信したが、船の出港は天候しだいということになった。常にはおだやかな地中海も、冬季は荒れることが珍しくなかったのだ。

翌・紀元八四七年になってようやく、略奪で食いしのいでいたイスラム兵たちが待ちかねていた船が、シチリアからだけでなく北アフリカからも到着した。だが、その間に、キリスト教側は指揮系統まで確立した防衛軍を編成していたのである。フランクの王で、イタリア王ということになっていたルドヴィーコだった。一方、イスラム側も軍をまとめていた。オスティアやミセーノに置いていた船も南下し、シチリアや北アフリカからの船団と合流したのである。

しかし、この後の半年は、モンテカッシーノの大修道院を攻めたいイスラム側と、それを防衛する想いで団結したキリスト教側が、この南伊では最も有名な修道院をめぐっての陸上戦で過ぎた。だがこれも、春にはよく起る豪雨による増水で、修道院がそびえ立つ山の下方に陣取っていたイスラム勢が押し流され、キリスト教側は、これこそ神の恩寵《おんちょう》と、感謝にわいたのである。結局、決戦は、生きのびたイスラムの兵士たちも乗りこんだイスラム側の船団と、アマルフィとナポリが提供した船に乗りこんだキリスト教側の兵士たちの間で行われることになった。

だが、このときも、キリスト教徒たちによれば、神が助けの手をのばしてくれたのだ。海上での決戦が行われる前に、勝負はついてしまったのだから。戦場になるはずだったガエタの港の外の海を、突然の強風が襲ったのである。いまだ港を出ていなかったキリスト教側の船は難を逃れたが、強風は、すでに港の外に来ていたイスラムの船団を直撃した。ガエタ近くの海岸は、溺死《できし》したサラセン人の遺体で埋まったという。鎖につながれながら櫂《かい》をこいでいたキリスト教徒の奴隷たちは、船とともに海底に消えたのである。神の恩寵にも、優先順位があるのかもしれない。だがこうして、紀元八四六年から七年にかけて行われた、キリスト教の首都ローマの征服を目標にかかげたイスラムの聖戦は、完全な失敗で終わったのであった。

しかし、この程度であきらめるイスラムではない。それも、イスラム世界西方では首都格の、カイラワンの「アミール」が打ちあげた聖戦なのである。そして、実際上では首都の働きをしていたチュニスの「アミール」も、全面的に協力しての、ローマ征服を目指した戦争なのであった。このまま引き下っては、両者にとっては面子《めんつ》の問題でもあったのだ。なにしろ、軍事的に征服されたからイスラム教徒になったのが、北アフリカでは原住民である新イスラムたちである。その彼らへの権威と権力の失墜にもなりかねなかったのだった。聖戦の成否は、国内安定の鍵《かぎ》でもあったのである。

その年の終わりも待たず、カイラワンからは北アフリカ全域に向けて、聖戦の続行を説く導師たちが散っていった。彼らは、各地にあるモスクの壇上から、情熱をこめて説得した。

「神の教えを誤って信じこんでいる不信の徒の首都であるローマを征服するのは、アラーとマホメッドがともに望まれることである。ゆえにジハードへの参加は、イスラムの教えに忠実なわれわれにとっては義務なのだ。この聖なる戦いに参加する者には、天国が待っている。行け、イスラムの戦士たちよ！　ローマを目指せ！」

北アフリカの全域で、翌八四八年中、新しい船を建造する槌音《つちおと》が絶えなかった。兵士たちも、敗北の想いを捨て去って、集まり始めていた。カイラワンにいる「アミール」も、翌八四九年を期しての聖戦遂行を高々と宣言したのである。

イタリア半島でも、イスラム世界と直《じか》に向い合うティレニア海側ではとくに、イスラム側がこのまま引き下がるとは誰一人思っていなかった。サラセンの海賊への恐怖は、この人々にとっては、親から子に語り継がれるという、いわば世襲の感情になっていたのだ。

それに、この時代のイタリア半島に住む人々の、ローマが屈すればイタリア半島すべてがイスラムに屈服する、という想いを、正当化する証拠は不足しなかった。

シチリアはもはや、エンナとシラクサを残して、それ以外の全島がイスラムに征服されていた。

南イタリアは、ターラントとバーリという、あの地方きっての良港がイスラムの手に帰している。

中部イタリアも、法王庁領土第一の港だったチヴィタヴェッキアから、イスラム勢を駆逐しようにも、その実行さえも手つかずの状態。

これ以外の地方でも、小船団で風の如《ごと》く襲ってきては人と物を奪い、風の如く水平

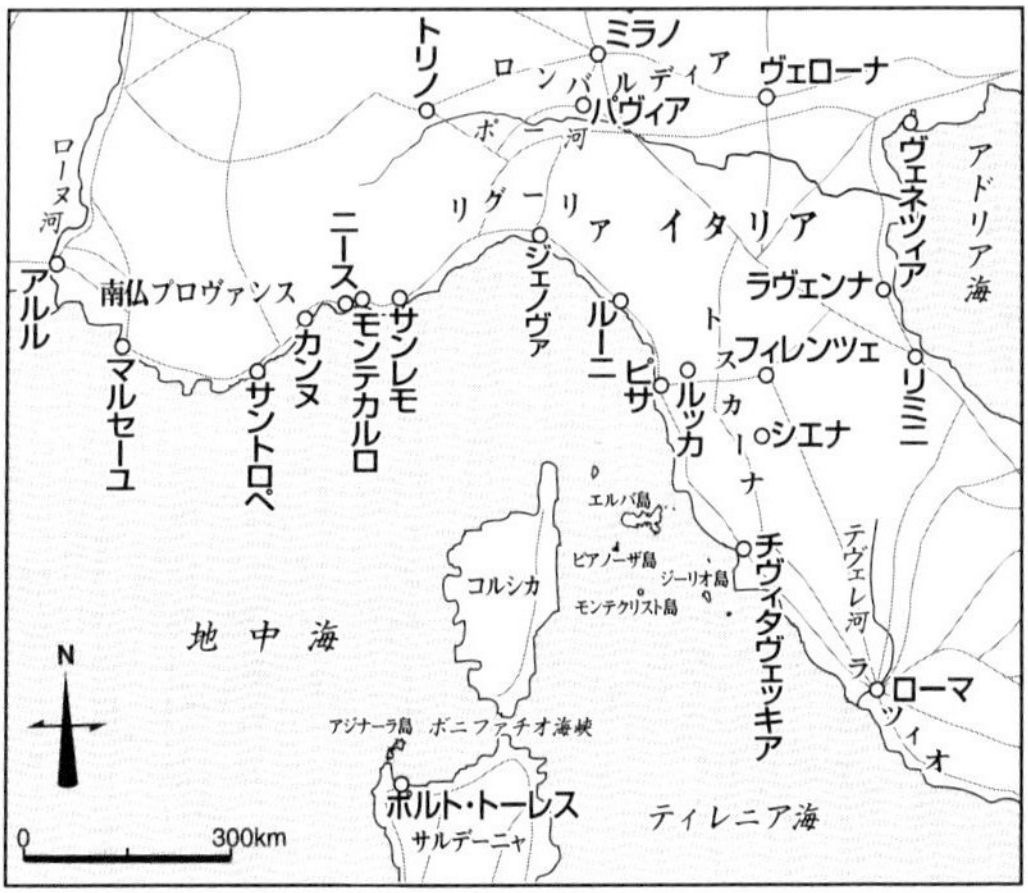

南仏および北イタリア

線の彼方《かなた》に姿を消す海賊に怖《おそ》れをなし、漁師すらも海岸近くでしか漁をしないようになっていた。

今なおイタリア半島のティレニア海側には、「グロッタ・サラチェーナ」（サラセン人の洞窟《どうくつ》）とか「カーラ・ディ・サラチェーニ」（サラセン人の入江）と呼ばれる場所があちこちにある。襲撃してくる前に、彼らがひそんでいた場所だ。そして、このような場所は、ティレニア海に浮ぶ、モンテクリストやジーリオやピアノーザのような小島だけでなく、エルバ島はもちろんのことサルデーニャやコルシカのような、島というより海に浮ぶ陸地と言ったほうが適切な大島の岸辺にも散在するのだった。ということは、サラセンの海賊の視界には、ローマから南だけではなく、ローマから北の、ピサのあるトスカーナ地方も、そしてジェノヴァのあるリグーリア地方も、入ってきたということであった。

これを実証するように、紀元八四九年の春も始まったばかりというのに、聖戦よりも海賊を目的にしたサラセンの船団がルーニに上陸したのである。

ルーニは、トスカーナ地方も北端に位置する古代からの港町で、耕作地を背後に控えた豊かな町として知られていた。このルーニが、サラセンの海賊によって徹底して破壊されたのだ。略奪し拉致《らち》するだけでは、引き揚げてくれなかったのである。まるで、イスラムが怒るとどうなるかを、キリスト教徒たちに誇示するかのようだった。ルーニはこれ以降、廃墟《はいきょ》のままで残る。つまり、人の住まない地と化したのである。サラセン人が去っても、もどってくる人々さえも残っていなかったのだ。

そして、このときのサラセン人は、ルーニを破壊した後も北行をやめず、ジェノヴァを中心とするリグーリア地方の海岸を次々と荒らしてまわった。そしてこの暴行の波は、南仏《なんふつ》にまで及んだ後で、ようやく南に去ってくれたのである。もはや、プロヴァンスでさえも人々は、安心して海を眼前にすることはできなくなった。

「聖戦《グエッラ・サンタ》」

地中海に面したキリスト教世界を襲ったこの惨状を、この時代でどうにかできる人は、ローマの法王しかいなかった。死去した前法王の後の法王位には、一年前から、積極的な性格で知られたレオ四世が選出されていた。

レオ法王は、北アフリカからの再度の挑戦を待ってはいなかった。法王に選出されるや直ちに、ローマを囲む城壁の補強工事を実施している。テヴェレ河を太い鉄鎖で封鎖する作戦も立てられた。敵の船が河を溯《さかのぼ》ってローマに攻めてくるようならいつでも、実行に移せるように準備を完了する。

キリスト教世界共通の問題だからと、ビザンチンの皇帝に呼びかけることもしなかった。神聖ローマ帝国皇帝にも、対イスラム軍編成は要請はしたが、当てにはしていなかったことでは同様である。このような世俗の高位者よりも、サラセンの脅威を肌で知っているイタリア人を、頼りにすることにしたのである。ナポリとガエタとアマルフィの代表が、法王宮のあるラテラノに呼ばれた。

問題は、上陸してくるのを迎え撃つか、それとも海上で待ちかまえていて、上陸する前に決戦を挑《いど》むか、である。誰が法王の相談相手であったのかはわかっていない。もしかしたら、法王から呼ばれた三つの海港都市のうちでは最も北アフリカの事情にくわしい、アマルフィの代表の忠告を容《い》れたのかもしれなかった。いずれにしても、法王が選択したのは、海上での勝負、のほうであった。

九世紀当時のアマルフィは、同時期のヴェネツィアに先んじて、オリエントとの交易に深く喰いこんでいた、ほとんど唯一《ゆいいつ》の西欧の国であったのだ。北アフリカのイスラム教徒とも交易関係にあり、それでしばしば、イスラムを敵視するローマの法王の不興を買ったりしていた。

だが、そのような人々だからこそ、イスラム側の情報にもくわしかったのである。サラセン人は攻城戦に不慣れなだけでなく、海戦にも不慣れであるのを知っていたのだった。

そして、これも三人の代表の意見によったのか、決戦の場はオスティア港前の海上、とも決まった。法王にしてみれば、もしもこの海戦に敗れようものなら、テヴェレ河の両岸に渡した鉄鎖など役立たなくなるから、文字どおりの背水の陣、であったろう。

海の向うでも、聖戦を旗印にしたイスラムの大船団が、チュニスの港を発《た》ったとの知らせも入っていた。

いずれも南伊を代表する海港都市であるガエタとナポリとアマルフィが提供した船と船乗りたちは、すでにオスティアに入港していた。また、それに乗って闘うことを志願してきた、イタリア中から集まった兵士たちも、オスティアに到着し始めていた。これを告げられた法王レオは、城壁内にあって安全なラテラノ宮を出て、彼もオスティアに向った。そして、かつてトライアヌス帝が建設させた広大な港に錨《いかり》を降ろした船と船乗りと兵士たちを前に声を張りあげたのである。

「万能の神よ、かつてはあなたの助けで、使徒ペテロは海の上を歩いてローマまで来た。また、使徒パウロをあなたは、三度までも嵐《あらし》による沈没から救い出された。今度は、われわれの願いを聴きとどけられよ。キリスト教の信徒たちは、今や正当にして聖なる大義の前に命を投げ出そうとしている。もしも彼らが、これから直面する海戦に勝利を収めるようなら、それはすべて、神の栄光のために捧《ささ》げられた行為の結果にすぎない。イエス・キリストに、われらが救世主に栄えあれ！」

聴き入る人々の胸は、聖なる火で燃えあがったと、法王庁の記録は記している。地中海の向うに住む人たちも「聖なる火」で燃えあがっていたが、地中海のこちら側でも同じく「聖なる火」に燃えたのだ。

「聖戦」を、イスラム側では「ジハード」と呼ぶ。同じ言葉をキリスト教側では、「グエッラ・サンタ」と言う。聖戦とは、他の神の存在を認めないことが最大の特質である、一神教の間でしか成り立たない概念なのであった。

法王レオは、ローマにはもどらずにそのままオスティアに居つづけた。神の子たちが闘う海戦に、臨戦するつもりであったのだろう。だが、長く待つ必要はなかった。偵察に出した快速ガレー船が、イスラム船団の接近を告げに帰ってきた。

テヴェレ河が海にそそぎこむ左右は、見渡すかぎり海岸線がつづいている。その前に現われたイスラムの船団は、どの船にも帆柱高く、緑の地に白でコーランの文字を染め抜いたイスラムの旗を、堂々と風になびかせて近づいてきた。

迎え撃つために出港したキリスト教側の船団との間で、櫂《かい》をかみ合わせて接近した船の上での白兵戦が展開するのだろうと、岸から見ていた人の誰もが予想した。ところが突如、風向きが変わったのである。

猛烈なリベッチオ（南西風）が、接近中のイスラムの船団を背後から襲った。迎え撃つつもりでいたキリスト教側の船団は、いち早くそれに気づき、舵手《だしゅ》が全身の力をこめて舵《かじ》を切った。しかし、イスラム側の船には、直前でも風の向きを読めるベテランの船乗りがいなかったのか、舵を切る暇もなく強風に押し流され、しかも友船同士でぶつかったので大混乱になった。そしてそのまま、ぶつかり合い暴走しながら海岸に激突したのである。神が、今度だけは、マホメッドよりはイエス・キリストの肩をもったとしか思いようがなかった。

船は破損がひどくて使えなくなっていたが、漕ぎ手たちの鎖を解き放ち、自由の身にすることはできた。そして、大量のイスラム教徒の捕虜まで得たのである。

何千人にもなったというその捕虜たちは、今度ばかりは彼らのほうが鎖につながれて、ローマに連行される。ローマまでの街道でも、ローマに入ってからも、山のような人々が沿道を埋めた。このような姿では一度たりとも眼にしたことがなかった、鎖につながれたサラセンの海賊たちを見るために集まったのだった。

この捕虜たちを、法王レオは、ヴァティカン全体をぐるりと囲む、城壁の建設工事の使役に使った。聖《サン》ピエトロ大聖堂が、二度とイスラム教徒に踏みこまれないように、

オスティアの海戦

大聖堂を中心にした全域を堅固な城壁で囲むことにしたのである。現代でも健在なこの城壁は、レオが建てたということで、「ムーラ・レオニーナ」と呼ばれている。キリスト教界第一位の教会である聖ピエトロ大聖堂とそれに付随する建物を守る城壁は、こうして、イスラム教徒たちの手で建設されたのであった。

　歴史上「オスティアの海戦」との名で知られるこの戦いは、ローマ法王にしてみれば、記念さるべきキリスト教の勝利なのであった。それゆえルネサンス時代になって、法王に依頼されたラファエッロが画筆をふるうことになる。ヴァティカン内の「ラファエッロの部屋《スタンツェ・ディ・ラファエッロ》」で、それは今でも見ることができる。キリスト教側に立てば、無理もない想いであったろう。なにしろ、イスラム相手に初めて勝った戦いなのだから。しかし、一度勝ったくらいで好転するほど、事態は甘くはなかったのであった。

緑の地に白くコーランの文字を染め抜いたイスラムの旗をかかげての正面きっての聖戦が、二度とも惨《みじ》めな結果に終わってしまったのを見た北アフリカのイスラム勢は、戦術を変えたのである。海賊行による波状攻撃に、もどったのだった。

彼らの側に立てば、賢明な方針転換であった。理由は四つ。

第一は、長年にわたってやり慣れてきた、行動にもどるだけであったこと。

第二は、海賊が産業になっているため、それに直接にしろ間接的にしろ従事する人たちのためにも、やりつづけるしかなかったこと。

第三は、北アフリカの各地を統治する「首長《アミール》」たちにとって、海賊たちが差し出す収獲の五分の一と決まっている上納金は、無視できない収入になっていたこと。

第四だが、海賊行がキリスト教徒の住む地を目的にしている以上、イスラムの敵の力をそぐ行為になり、ゆえにこれもまた聖戦と見なされていた点である。

要するにこの当時は、海賊として行動しても、イスラム教徒としては不都合はなかったのだ。それに、海戦には敗北というリスクが伴うが、海賊行の場合は通常、迎撃の準備などはしていない人々を襲うのである。リスクは少ないし、収入も安定していた。

そのうえ、キリスト教側でも、「聖なる火」は、勝利への歓呼がいつか消えていくように早くも消えていたのだ。ロンゴバルド族の公国群は四分五裂し、領土争いにあけくれる日々にもどっていた。それどころか、サレルノを占拠して以後のベネヴェント公国は、そのすぐ近くに位置するアマルフィの領有にも野心を露《あら》わにしていた。

アマルフィのような通商国家は、背後の耕地に恵まれていないがゆえに海に出ていくしかなかった人々の共同体なのである。彼らには完全な自由を与え、通商や交易の面で業績をあげてもらうほうが、その近くの人々にとってもトクなのだ。サレルノのように耕地に恵まれ、輸出に向けられるほどの物産を生産できる都市を手中にしたのなら、輸出を請負う力ならば充分にあるアマルフィの人々にその面は一任すべきであった。このアマルフィに内陸部と同じ支配権を行使しようとしたのは、支配のやり方としても賢明ではなかった。

しかし、ロンゴバルド族は北方から南下してきた人々である。陸地しか知らない人々に、海の効用は理解の外であったのかもしれない。それでも、イタリアに定住するようになってから、すでに三百年が過ぎようとしていた。陸の民族だから海がわからない、のではなく、海の効用に目覚める能力がついに身につかなかった、と思うしかない。実際、このロンゴバルド族の支配が効果をもたらすのは、北部イタリアにおいてなのである。ミラノを中心とする州は今でもロンバルディア地方と呼ばれるが、この名もロンゴバルドに由来している。

「海の共和国」

現代のイタリア国家の海軍の旗は、中世後期の地中海世界でイスラムの海賊と堂々と渡り合える海上戦力であった、イタリアの四つの海洋国家の旗をロープで囲んだ図案になっている（巻末カラー参照）。

左上、右上、左下、右下の順に、ヴェネツィア、ジェノヴァ、アマルフィ、ピサとなる。いずれも、海外との交易で能力をつけ財力を築いた商人たちによる少数指導制の共和政を採用していたので、別名「海の共和国」とも呼ばれている。

しかし、海上の勢力として台頭してきた順位ならば、アマルフィ、ピサ、ジェノヴァ、ヴェネツィア、の順になるだろう。どうしてこの順位になるのかと考えたのだが、地図でそれぞれの位置を見たとたんに納得がいったのだった。

アマルフィ――南部イタリアのティレニア海側
ピサ――中部イタリアのティレニア海側
ジェノヴァ――北部イタリアのティレニア海側
ヴェネツィア――北部イタリアにあるだけでなく、アドリア海の奥に位置する。

つまり、四つの海洋都市国家は、北アフリカのイスラム世界により近距離にあったほうから先に、海上の勢力としての力をつけていったのだ。言い換えれば、サラセンの海賊からの防衛の必要が、彼らを海洋国家にしたのである。ヴェネツィアが最後になったのは、ヴェネツィアだけが唯一、サラセンの海賊に、海上では二度も敗北を喫したとはいえ自分の家の中にまで侵入され、略奪され破壊され家人を拉致された経験が一度もなかったからである。

ただし、歴史上の重要度となると、この順位はちがってくる。左から右に読み進む言語世界では常に上段の左が最上席になるが、現代イタリアの海軍旗も、その位置はヴェネツィアに捧げられている。ヴェネツィア共和国のみが、この四つの海の共和国の中で独立を維持しつづけただけでなく、中世後期・ルネサンスと、「地中海の女王」

と呼ばれるほどの海軍国になったからであった。

となると、下段の左に配されたアマルフィは、その次のピサより歴史上の重要度は高かったのかと言われそうだが、実際はそうではない。しかし、アマルフィは、「海の共和国」の一番手であった。パイオニアには常に、相応の敬意が払われて当然である。

そして、このアマルフィが飛躍するきっかけが、ロンゴバルド族による〝ちょっかい〟にあったのだから面白い。それまではナポリの弟分のような立場に不足も言わなかったのに、海を知らない人々の支配下に置かれるのを、海の男たちが嫌ったのかもしれない。紀元八六〇年、正確を期すならばその前後、アマルフィは独立した共和国としてスタートしたのである。しかし、当時の南イタリアの情勢は、小さな「海の共和国」などは一飲みされかねないほどの、混迷と激動の中にあった。

南イタリアのプーリアとカラーブリア地方では、サラセン勢はもはや内陸部深く侵入し、それに立ち向うはずのロンゴバルド族の間でも、劣勢になったほうがサラセン人に助けを求めるという状態にあったのだ。この状態でローマ法王にできたことは、せいぜいがロンゴバルド族の支配者たちに、キリスト教徒であることを思い出させることぐらいであった。しかし、ロンゴバルド族がそれを「思い出す」のは、サラセン人との共同作戦が上手《うま》く行かなかったときでしかなかったのだが。

北アフリカのイスラム勢の戦術変更は、シチリアを征服しつつあるイスラム教徒も巻きこんで、実に効率良い戦果をあげていた。もはや海賊たちは、襲って奪って去るのではなく、南イタリアの内陸地深く侵入してそこに拠点を置き、そこから強奪に出向くという戦術に変えていたからである。

修道院も、苦労して襲撃したりはしないのである。襲って奪い、殺し、何もかも焼く、と言って脅すのだ。恐喝し、それも、持ち運びが簡単で換金の必要もない金貨、という条件をつける。

修道院はどこでも狙われたが、南伊で最も有名な修道院は、聖ベネディクトゥスが創設したモンテカッシーノの修道院である。山上にあって防衛も充分に可能ではなかったかと思われる修道院も、三千枚もの金貨という、当時では莫大《ばくだい》な額のカネを払って炎上をまぬがれたのであった。

だが、一度カネを出せば次も狙われる。中世前期とは修道院の時代、と言ってよいくらいに各地方には大規模な修道院があったが、サラセンの海賊に狙い撃ちされることが重なるにつれて、修道院も城塞《じょうさい》のようなつくりに変わっていった。祈りの場であるはずの建物が、ますます軍事的な外観になっていくのである。

もう一つ、このずっと以前から始まっていながらこの時代の後までつづくことになる社会現象があった。

それは、人々が、海に近い地方を捨て、安住の地を求めて、切り立った崖《がけ》の上や山間部の奥深くに移り住むようになったことである。この現象は、南イタリアではとくに著しかった。現代でも高速道路を車で行きながら、高い崖の上にへばりつくようにある町や村を見ることが多い。歴史を知らなければ、なぜああも不便な地にわざわざ住むのかと思うだけだが、中世前期に生きた人々は必死であったのだ。それまでは信仰心に燃えるがゆえに孤独な隠遁《いんとん》生活を求めた人々のみが隠れ住むのに選んだ山間の奥地だったが、そのような地にさえも普通の人々が移り住むようになったのである。

新鮮な水ならば不足しなかったろう。だが、山間の地では、いかに開墾に努めようと耕作地は限られてくる。海に近い平地を耕作していたときのような、生産性は望めなかった。また、サラセン人さえも襲って来ないような辺鄙《へんぴ》な土地を選んで移り住んだのだから、他の地方やその近くに住む他者との交流も容易ではなくなる。それによる孤立は、精神面に留まらず、実際の生活面にもひびいてこざるをえない。

小さな共同体内での自給自足と聴くと理想的で平和な生活かと思ってしまうが、実際は無駄の多い生き方なのだ。別の住民共同体では多量に生産され、そこから買えば済むものまでも〝自給〟しなければならないからである。これがまた、生産性の低下に結びつくのだった。

ローマ帝国とは、広域経済圏であったのだ。中世はそれが崩壊した後に訪れた時代なのだから、狭域経済圏になるしかなかったのである。即《すなわ》ち、物産の流通が盛んに行われていた時代と、それが止まってしまった時代とのちがいでもあった。

それに、討議を交わした末に判断を下す、という意味での合議制は、自信のある人たちの集まった共同体にのみ適した制度ではないだろうか。反対に自信を失って逃げてきた人々には、誰か一人が判断を下し、その誰か一人の命令に従って生きるほうが、安心感を与えるのではないかと思う。

今でも山間部に開けた町に足を踏み入れると、タイムトンネルを一挙にくぐって中世にもどったような気分になるが、それは家並が昔のままで残っているからだけではない。それ以上に中世を感じさせるのは、つつましい家並とは対照的な、修道院や領主の、城塞と言ったほうが当たっている豪壮な建物である。修道院は、宗教上の諸事に限らず開拓や耕作の指導役も務めていたし、領主は、いざとなったときの防衛を保障する人だった。

それにこの二者は、耕作地の地主である場合がほとんどだったので、農民は、借地料プラス防衛保障料を払わねばならない。ローマ時代では収益の一割だったが、中世には軽くても五割を越える額になる。自作農が消滅していたことと、防衛も、狭い地域になればなるほど、一人当たりの負担は高くつくようになるからだった。これもまた、整備された街道を通って必要になった地域に軍団を送るシステムになっていた、ローマ帝国時代と比べればわかることである。

「サラセンの塔《トッレ・サラチェーノ》」

おそらく、このような生き方を秤《はかり》にかけた末に達した決断かと思うが、山岳には逃れず、海ぎわの地でも留まると決めた中世人もいたのである。

その人々はまず、海を広く眺望できる岬や崖の上に、「サラセンの塔」と呼ばれることになる監視塔を、数珠《じゅず》つなぎに立てていった。

次いでは、サラセン人の来襲を迎え撃つ軍船隊の編成である。これまでの経験で、サラセンの海賊が嫌うのは、労多くして益なし、であることがわかったからだ。商船でさえも、護衛をつけたとたんに襲われる率が減るのだった。

しかし、直撃はされなくても近くの海岸に上陸され、陸地伝いに襲撃される危険は常にある。それを考えて、町の構造までも快適性を犠牲にし、防御を最大の目的にして成されるようになった。一言で言えば、曲がりくねった小路を迷路のように張りめぐらせた町づくりである。その好例が南イタリアにあるアマルフィだが、あの町の家々の下をくぐって進むような狭く暗い小路を歩いていると、突然眼の前に小さな空地が開ける。この空地は、周囲の家々の採光を考えて作られたのではなかった。

そこに立つと、誰でも考えるだろう。今入ってきた小路とこの空地の向うに開いた小路の両方を鉄の扉か何かでふさいでしまえば、襲ってきた海賊も袋のネズミにできる、と。アマルフィの町の小路は、迷路のように入りくんでいるだけでなく、場所によっては突然に狭くなるようにできているのである。また、これらの小路は、常にどちらか一方を選べるように複線になっている。アマルフィ第一の教会からも、目立たない場所に口をあけている二本の小路のどれを選んでも、町の外に逃げられるように出来ていた。

このような町づくりを、地中海の南に広がるイスラム世界では、「カスバ」と言う。今でも有名なのはアルジェのカスバだが、北アフリカに住むアラブ人がなぜこのような町づくりを好んだのかは知らない。だが、地中海の北側に残るイタリアの「カスバ」は、地中海の南のカスバからやって来る海賊への防御の策として生れたのであった。

しかし、自己防衛を目的とした「カスバ」を、作りたくても作れない地に住んでいる人々もいた。港町の背後が、アマルフィのように切り立った山ではなく、広々とした平野である地に住んでいた人々である。この人々の場合、よほど強力な軍船団を組織できる人口と経済力に恵まれていないかぎり、やはり奥地に逃げるしかなかったのだ。そして、この人々のほうが、中世前期では圧倒的に多かったのである。

サラセンの海賊による被害をどこの誰が最も受けたのかを、現代で想像する最適な方法がある。

それには頭の中をコンピューター・グラフィック化する必要があるが、頭の中でする作業なので想像力さえあればよい。

南仏から始まってイタリアの北部、中部、南部と下って来て〝長靴〟の踵《かかと》をぐるりとまわったすべて、つまり、ティレニア海とイオニア海に臨む全地域だが、この一帯は今では観光地として知られ、世界中から訪れる人々が「地中海」を満喫している。気候温暖で風光明媚《めいび》なことでも共通しているこれらの観光地から、人も建物も港に浮ぶ船も、すべて消してしまうのである。頭の中でにしろ、無人の地にしてしまうのだ。古代には街道を行き来する人々が絶えず、平野はすみずみまで耕され、上下水道も完備した都市や町が真珠の首飾りのように連なり、港には船の出入りが絶えなかったのだったが、それと同じ地から、人間の関与するものすべてを消し去ってしまうのである。それをした後ならば、初めてわかるだろう。中世前期とはどのような時代であったのか、が。

そして、あの時代に生きていた人にとっては、中世は暗黒であったということも、初めて心から納得できるにちがいない。

この暗黒の時代、それも惨状が最もひどかった九世紀、キリスト教徒たちを守る義務は、わざわざそのために創設された神聖ローマ帝国の皇帝にあったはずである。この時期の皇帝はルドヴィーコ二世で、彼もまた代々のフランク系の皇帝同様にフランス内を本拠にしていたが、「イタリア王」の称号も持っていた。

ローマの法王からのたび重なる要請に根負けしたという感じで、紀元八六〇年、ようやくイタリア行きを承知したのである。もちろん敵は、サラセンだった。

だが、この神聖ローマ帝国皇帝は、臣下たちの安全を保障するために向うイタリア行きを前にして、臣下であるイタリア半島の住民に対して次の布告を発したのである。

「動産を多く所有している富裕者は、それを使って、牢《ろう》から出した殺人犯を、なるべく多く、それも兵士としての武装と武具を整えた状態にして、戦場に送る義務を負うこと。

貧者のうちでも一〇ソルド金貨を持っている者は、彼らが住む地域とそれが海と接する海岸一帯の、警備警戒の任に当たること。所有動産が一〇ソルド金貨に達しない者は、この任務を免除される。

息子を多く持つ父親については、息子のうちで最も適切な一人のみは父と共に家に残ることは認められるが、それ以外の者は全員、皇帝軍への参加のために出頭すること。ただし、息子が二人しかいなければ、二人とも皇帝軍に参加しなければならず、息子が三人であれば、そのうちの一人は家に残ることが認められる。

領主や土地の管理人でも、これらの義務のいかなるものであろうと免除されず、例外も認められない。つまり、全員に軍参加の義務がある。ただし、以前から仕事を助けて働いてきた使用人のうちで一人は、以前からの仕事の継続のため、もう二人は、残していく家族の安全のために居残ることは許される。

もしも、この命令に違反してより多くの人を家に残すような行為に出ようものならば、領主からはその地位が、地主からはその土地を所有する権利が剝奪《はくだつ》される。

修道院も尼僧院《にそういん》も、領主や地主の負うのと同等の義務を、しかも同じ条件で負わねばならない。もしもこの義務を怠れば、聖職者の資格を失うだけでなく、修道院や尼僧院が所有する土地やその他の不動産のすべてが没収される」

文面を追うだけならば、サラセン人に立ち向おうとしている皇帝の不動の意志を示していると見えるにちがいない。だがこれは、長年にわたって皇帝の責務を怠ってきた人の発した命令なのである。おそらく、命令は守られたであろう。だが、数と質は、比例の関係にはないのだった。

キリスト教世界の俗界の最高位者を誇示した豪勢な行列で、皇后も同伴してローマを訪問した皇帝だったが、その後に向った南イタリアで行われたサラセンの海賊たちとの戦闘は、散々な結果に終わった。敗北は一度で済まず、翌年もまた敗れた。皇帝自ら捕虜になりそうになり、臨戦していた皇后の気転で危うく難をのがれることができたほどである。もしも神聖ローマ帝国皇帝がサラセン側の捕虜にでもなっていたら、北アフリカ全域のイスラム教徒は凱歌《がいか》をあげていただろう。そして彼らが常に言う、「不信仰で臆病《おくびょう》で無能力なキリスト教徒」の生きた見本として、鎖につながれて引きずりまわされていたかもしれない。サラセン人が最も狙《ねら》っていた獲物《えもの》は、ローマの法王と神聖ローマ帝国の皇帝であったのだから。

この間も休みなく、地中海の波が洗う地方すべてが、サラセンの海賊による被害を受けつづけた。それをいちいち書かないのは、もはや年中行事化しているがゆえに単調で一本調子で、それを逐一記していては退屈にさえなるからである。

これらの海辺の町では、一千年以上が過ぎた今でも、町の守護聖人の像を先頭にして町中を練り歩く、庶民が主役の祭りがつづいている。そのほとんどが、サラセンの海賊に関係があるのだ。また、祭り自体が夏の季節に集中している。北アフリカからの海賊は、夏季に吹くことの多いリベッチオ（南西風）かシロッコ（南東風）に乗って襲ってくるからだった。それに夏には、地中海では潮流も南から北に向かう。接近してきたサラセンの船団が突如変わった風を避けられずに崖に激突して沈没した後の海の上に、聖母マリアが現われた、とか、聖《サン》ニコラが塔の上で居眠りしていた見張りを起してくれたので、町中の人が安全な地まで逃げることができた、とか、守護聖人の由来は土地によってさまざまである。だが、サラセンの海賊との関連では、いずれも共通しているのだった。

北アフリカに住むイスラム教徒が恐怖と同意語であった九世紀、正確には紀元八七六年にローマ法王の座にあったヨハネス八世は、ときの神聖ローマ帝国皇帝に次の書簡を書き送っている。

「サラセン人が徒党を組んで襲って来ては行う残虐《ざんぎゃく》で無慈悲な暴行の数々は、わたしの胸を深い苦悩と悲哀で満たさずにはおかない。一日として、この惨状がわたしを苦しめない日はないと言ってよい。

わたしに、何ができるだろうか。いかなるペンも、いっこうに止まらない悲惨の数々を書きつくすには、耐えきれずに折れてしまうだろう。いかなる言語も、それを正確に詳細に伝えることは不可能、とさえ思う。

わたし自身、深い苦悩の中で日々を生きている。このわたしの眼に映るのは、キリストの敵たちがキリストを信ずる人々を、痛め苦しませ殺す光景だけである。あらゆるところで神の子たちの血が流され、神の教えに忠実な人々の魂が、そのたびに消えていく。すべての地が、略奪と殺戮《さつりく》と焼き打ちの舞台と化してしまった。剣からは逃れられた人も、炎からは逃れられず、炎から逃れられても、待っているのは鉄鎖で、そのまま連行されて異教徒の地に送られ、そこで奴隷《どれい》として酷使されながら死を迎えるのが、この哀れなキリスト教徒たちの運命なのである。

かつては人々で満ちていた都市も城も田園も無人と化し、それらは今や、サラセン人の巣窟《そうくつ》か、でなければ野獣しか住まない場所になってしまった。

そしてここローマは、家を失った人々や親を殺された孤児たちが、連日のように避難してくる地になっている。これらの人々を眼にするたびに、わたしの胸は、鋭く研ぎ澄まされた剣に深く突き刺されたかのように痛む。

親愛なる皇帝よ、これが神の子たちに振りかかっている災難であり、わたしを苦悩させずにはおかない現実の姿なのだ」

しかし、「禿《は》げ頭」の綽名《あだな》のほうで知られていた神聖ローマ帝国皇帝シャルル二世は、法王には返書さえも書かなかった。フランス内部の諸勢力の収拾に、かかりっきりであったのだ。それでも法王のたび重なる要請は無視できなかったのか、ロンゴバルド族の一公国であるスポレート公国の領主に、対サラセンの軍隊の編成を命じた。ところが、スポレート公のグイドはその軍を率いて、サラセンに向うどころか、カプアとナポリを攻めたのである。南伊の諸都市が、サラセン側との交渉を再開したというのが、同じキリスト教徒を攻める口実だった。

カプア、ガエタ、ナポリ、アマルフィの諸都市が、皇帝もロンゴバルドの諸勢力も守ってくれない現状下で、サラセン人との良好な関係の樹立に動き始めていたのは事実だった。

ガエタとナポリとアマルフィは海港都市なので、サラセン側への接近の理由はわかる。商船の安全な航行は、この人々にとっては、中でもとくに耕地に恵まれていないアマルフィにとっては、死活の問題であったからだ。

カプアは内陸部の都市だが、ロンゴバルド系のベネヴェント公国から常に狙われる位置にある。一応は「カプア伯領」の名の独立領だったが、ベネヴェント公国にひと飲みされる恐怖から逃れられなかった。それで、ロンゴバルド人に対しては勝つという評価が定着しはじめていた、サラセン人に頼ろうとしたのである。生か死かの境に立たされれば、人間、宗教のちがいは二の次になるのかも知れない。健全な生活者であるこの人々は、神に一生を捧げた聖職者ではないのだった。

しかし、カプアがサラセン側につこうものなら危機に陥るのが、ローマの法王であった。ローマから南に向う街道は、アッピアもラティーナも、いずれもカプアを経由している。古代のローマ街道も中世には、修理修復どころか放置されたままだったが、それ以外にしっかりしたインフラが成されていない以上、いまだに最上の交通手段であったのだ。そのカプアがイスラム化しようものなら、ローマへの道は開けたも同然になるのだった。

神聖ローマ帝国皇帝が頼りにならないとわかった法王ヨハネス八世は、前述の書簡を出した翌年の八七七年、アッピア街道を南に向う。途中のミントゥルノまで呼び出した、カプアとガエタ、ナポリ、アマルフィの代表たちと会うためだった。イスラムとは同盟を結ばないよう説得するのが目的だ。しかし、イスラム勢に対抗するにはキリスト教側が団結するしかないと説く法王の言葉は、黙って聴く代表たちの頭の上を通り過ぎただけだった。破門すると脅しても、同盟は破棄してイスラムに立ち向うという、法王が期待していた返答はついに得られなかったのである。それどころか、法王の前を辞してナポリにもどった執政官セルジョは、イスラムとの良好な関係樹立反対の急先鋒《きゅうせんぽう》だった司教アタナシオを逮捕させ、両眼をくり抜くという姿にしたうえで牢に放りこんだのである。

法王の必死の要請も説得も、あらゆる方面で成果に結びつかなかった。その間も、サラセンの海賊による蛮行はつづいている。法王には、宗教を優先するがゆえに信徒たちの苦しみを放置するか、それとも彼らをひとまずにしても救うために、イエス・キリストには一時的にしろ横に向いてもらうか、の選択を迫られたのである。法王は、後者を選んだ。サラセンの海賊たちには、一年間イタリア半島の西岸部への略奪はしないことを条件に、ローマ法王庁鋳造の二万五千枚もの銀貨を払ったのである。

これまでも、シラクサやナポリが、また南イタリアの修道院が、安全をカネで買った例はあった。しかし、西欧キリスト教界の第一人者であるローマ法王が、イスラムの海賊と取り引きした例はなかったのである。

もしも、紀元八七七年の時点にもどってそこに住む人に、イスラムに先に屈するのはコンスタンティノープルか、それともローマか、と質問したとしたら、多くの人は、ローマ、と答えたのではないかと思う。九世紀後半のイタリア半島は、いつイスラム化しても不思議ではない状態にあったのだ。そして、この想《おも》いをより確実にする事態が、ついにシチリアで起ったのである。

シラクサをめぐる攻防戦

紀元八二七年に始まったイスラム勢によるシチリア征服行も、半世紀を過ぎたこの時期には完了を目前にしていた。シチリアの主要都市でキリスト教側に残ったのはエンナとシラクサだったが、山上にそびえ立つ城塞都市エンナも、住民の一人がイスラム側に秘密の通路を内通したことによって陥落している。海上に張り出した岬全体を要塞化したシラクサだけが、最後まで残ったのだった。

しかし、北アフリカ全域に住むイスラム教徒の首都の観が強かったカイラワンの「首長《アミール》」にしてみれば、シラクサをそのままにしておいてはシチリアは征服したことにはならないのである。聖戦を宣言して始めた以上は完全な征服でないと、聖戦がイスラム教徒に及ぼす権威までも失墜することになるのだった。

また、イスラム教徒の立場に立たなくても、地中海西方でのシチリアの戦略上の重要性ははかりしれない。かつてローマとカルタゴの間に起ったポエニ戦役も、シチリアをどちらが取るかで始まったのである。そして、このシチリアの完全制覇は、シラクサの陥落なしには成就《じょうじゅ》しないのだった。

中世に移行した後でも、シラクサの重要性は変わっていない。この時期はまだ、地中海最大の島シチリアの公式の支配権は、ビザンチン帝国の皇帝にあった。つまりシチリアは、東方とはいえキリスト教国家の皇帝であるビザンチン皇帝の直轄《ちょっかつ》領土であったのだ。皇帝の代官の官邸も、シラクサに置かれている。シチリア全島を守るのが任務のビザンチン軍も、シラクサに駐屯していた。このシラクサを征服することは、地中海西方のビザンチン勢力を一掃することでもあったのだった。

これに加えて、古代からつづくシラクサの知名度も無視できない利点になる。地中海を見たこともない北ヨーロッパの人でも、パレルモは知らなくてもシラクサは知っていただろう。このシラクサを陥《お》とすことは、キリスト教世界に対する心理上の衝撃を与える意味もあったのだ。

カイラワンの「首長《アミール》」は、新たにシチリアの「首長《アミール》」に、果敢な闘いぶりで頭角を現していたジャファル・イブン・ムハンマドを任命した。そして、シチリア征服行五十周年を記念して、と言ったかどうかは知らないが、シラクサ攻略のための大軍の編成と総指揮をまかせたのである。

イスラム・シチリアの首都になっていたパレルモに赴任したジャファルは、時間も力も無駄にしなかった。

シチリアに限らず北アフリカ全域にも声をかけて、志願者をつのる。同時に、イスラムの武将にしては珍しく、大量の攻城武器まで製造させた。城壁をめぐらせた大都市の攻略は得意でないイスラム兵を、攻城兵器を活用することで助けようと考えたのだろう。

パレルモの街はたちまち一大工場と化し、各地から集まってくる兵士たちであふれそうだった。急がせたのだから、あらゆる分野で無理を強いたのにちがいない。これが後日、ジャファルに災いをもたらすことになるが、シラクサ攻略の準備は短期間で終了できたのだ。すでに季節も、夏に入っていた。紀元八七七年、シチリア征服行を始めてから五十年目になるその年、最後に残されたシラクサに向けて、聖戦の旗を高くかかげた兵士も馬も攻城器も、パレルモを後にしたのである。

一方、シラクサも防戦に起《た》つ。以前に一度、ビザンチン金貨の山と引き換えに軍を引いてもらったことなど忘れたかのようであった。

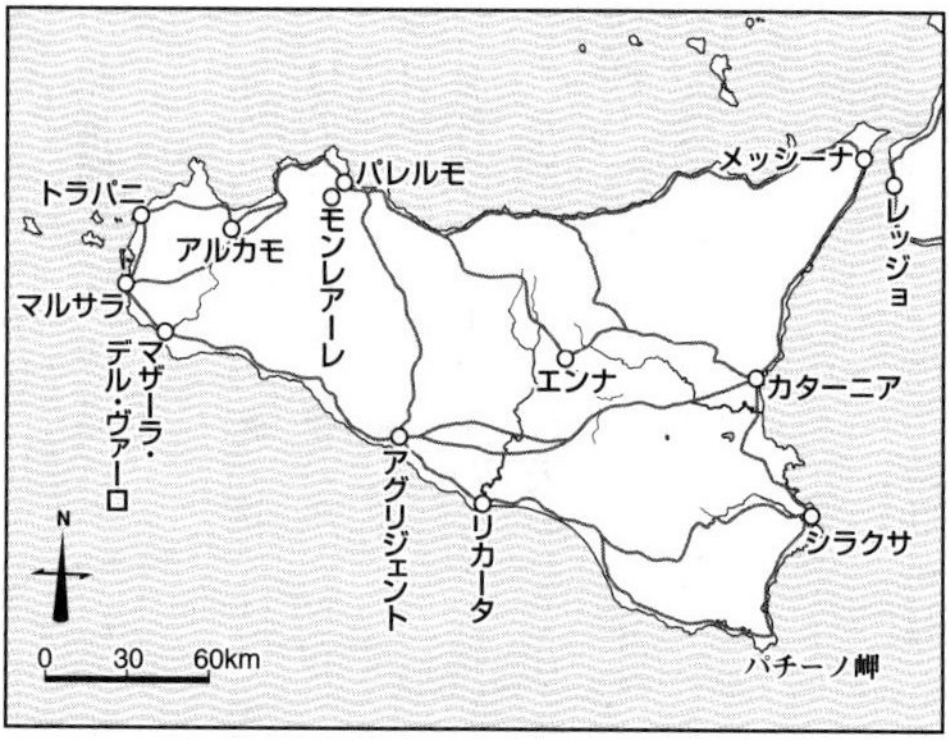

シチリア

住民は、周辺地域から避難してきた人々を加えて二万。純戦闘要員である兵士の数はわからない。だが、すでにイスラムに屈した都市や要塞から撤退してきた兵士も加わっていたというから、一万に迫る規模にはなっていただろう。

だが、シラクサの官邸に常駐していたはずの「皇帝代理《エザルカ》」の名も存在も、『クロニコン』（年代記）の名で後に発表される、修道士テオドシオの書いた記録には出てこないのである。もしかしたら、イスラム側の意図が明らかになった紀元八七七年の春の時点でシラクサを発《た》ち、ビザンチン帝国の首都コンスタンティノープルに出向いて皇帝に、シラクサへの援軍の派遣を要請していたのかもしれない。いずれにしても、長期に及んだ攻防戦の間ずっと、防衛の総指揮をとる立場にあった「皇帝代理《エザルカ》」はシラクサにはいなかった。

しかし、防戦の総指揮をとる者まではいなかったのではなかった。修道士テオドシオは名を記していないが、ビザンチン帝国の貴族であったというギリシア人である。そして、常に最前線にあって兵士たちを叱咤《しった》激励し、先頭に立って敵に突っこむ指揮官ならば、タルソスのニケータという名の隊長がいた。この男もギリシア人だ。しかもこの人は、故郷を失ったギリシア人だった。聖ペテロと並んでキリスト教会の二大支柱とされている聖パウロは小アジア東南部のタルソス生れだが、キリスト教徒にとっては重要きわまりないこの聖人の生地すら、中世に入って以後はイスラム化されていたのである。

シラクサをめぐる攻防戦は、こうして、攻めるイスラムに対して防戦に起《た》ったキリスト教徒のギリシア人、の様相が濃い戦闘になる。その記録を遺《のこ》したのも、ギリシア人の僧であったのだから。また、今度ばかりはビザンチン帝国も、真剣に救援の軍の派遣を考えたようであった。だが、衰退しつつある国の特質は、決めるのも遅いがその決めたことを実行するのも遅い、というところにある。海港都市であるシラクサの攻略は、海上の封鎖なしには成就できない。最終的には攻略できたとしても、長い期間がかかる。イスラム側には、この時代はまだ、海上封鎖の実績もなければその力もなかった。ビザンチン側が敏速に決断を下し実行に移していたならば、防衛側が敵の猛攻に耐えている間に支援軍を到着させることはできたのだ。防戦に起《た》った人々には、援軍の到着だけが頼りであったのだから。

航空機による爆撃はもちろんのこと、ルネサンス時代になると活用されてくる大砲による砲撃も考えなくてよかった時代、堅固な城壁をめぐらせた都市の攻略は、後代のわれわれが考えるよりはずっとむずかしかった。

攻城兵器といっても、火薬を知らない時代では効果もしれている。発射した石弾は城壁の破壊を、同じく発射した燃える火の玉は城壁の内側に被害を与えるのが目的だが、それらの兵器の的中率を決める技術となると、中世前期は、古代のローマよりもはるかに劣っていたのである。これはイスラム側のみに見られた現象ではなく、同じ時代のキリスト教側でも変わりはなかった。ゆえに大都市をめぐる攻防戦の結果は、次の諸条件で決まった。

第一に、守る側には、長期に及ぶこと必至の防衛にも耐えられる力が、人と物の両方で充分な状態にあること。

第二は、攻める側に、アリのはい出るすき間もないくらいに完璧《かんぺき》な包囲網を張りめぐらすだけの力が、長期にわたってありつづけること。

第三は、攻める側に疫病《えきびょう》とか悪天候とかの災害が振りかかるか否《いな》か。

そして第四は、防衛側が待ち望む援軍が到着するか否か、である。

紀元八七七年のシラクサ攻防戦では、第一の条件はシラクサ側にあった。第二の条件は、イスラム側になかった。第三だが、これまでにもたびたび、イスラム軍は疫病に見舞われ、それで撤退する例が多かったのだ。そして第四の、しかし最も重要な条件である援軍の到着も、今度ばかりはコンスタンティノープルも本気だとの情報が、シラクサにはもたらされていたのだった。

ゆえに、シラクサの防衛に起《た》った人々も、狂信的なまでの宗教上の熱情にあおられて、キリスト教の敵イスラムに抗しての絶望的な戦いに起つという、殉教者の集団ではなかった。冷静に考えてもやれると信じた、普通の人々であったのだ。

ただし、ある一つのこと、神に一生を捧《ささ》げた修道僧には理解できなかったかもしれない一つのことが、その年のシラクサには欠けていた。シラクサ以外のシチリアの他の都市から、シラクサを守るために馳《は》せ参じた人がほとんどいなかったことである。

それはシラクサが、これまでのビザンチン帝国の悪政と搾取《さくしゅ》を、象徴する地になっていたからだ。シチリアの他の町や地方に住む人々にとってのシラクサは、

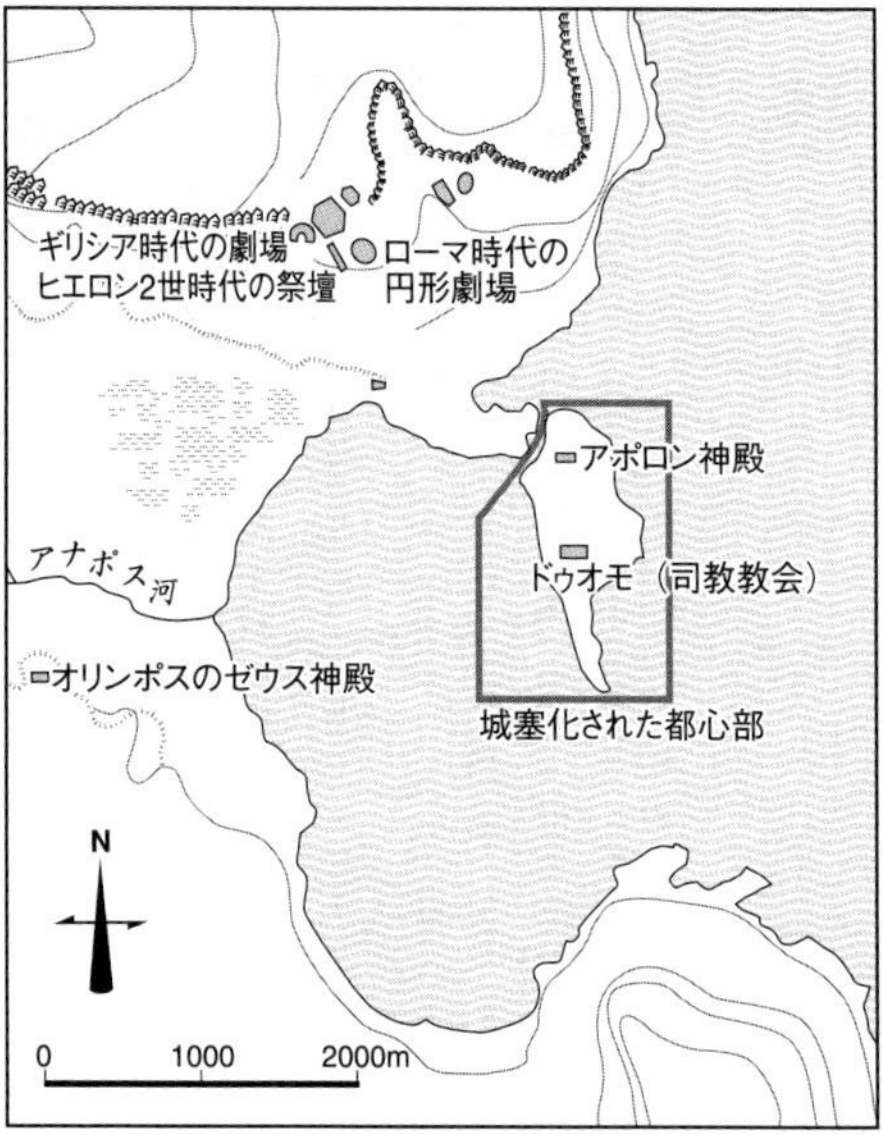

シラクサ

「皇帝代理《エザルカ》」が課してくる重税が吸いこまれ、船に積まれてコンスタンティノープルに送られる港であったのだった。シラクサ以外の町も地方もすでにイスラムの支配下にあったが、住民の全員がイスラム教徒になっていたのではない。イスラムの支配に抗する暴動も、ときには起こっていた。だがその人々でさえも、シラクサの防衛には馳せ参じなか

ったのである。

紀元八七七年の八月に始まったシラクサをめぐる攻防戦だが、戦死しても天国が待っていることをうたった聖戦《ジハード》を旗印にかかげ、断固として攻略まで闘い抜く覚悟の総司令官ジャファルが率いる大軍に攻められながら、シラクサ側もよく耐えた。攻撃軍が撃ちこんでくる石弾や火の玉に対し、防衛側が活用したのは、「ギリシアの火」と呼ばれていた兵器である。火を点《つ》けると燃えあがる霧状の石油を敵に向けて放つことで戦果に結びつける武器だから、中世の「火焔《かえん》放射器」と思えばよい。この兵器を城壁の上に並べ、いっせいに城壁をはい登ってくるイスラム兵を、次々と焼き払うのだった。

こうして、夏はまたたくまに過ぎ、秋も過ぎ去って冬に入った。援軍は、どこからも来なかった。コンスタンティノープルから発ったビザンチンの兵士たちを乗せた船団も、エーゲ海は出たもののそこから西へは進まず、ペロポネソス半島で冬越し中ということだった。

冬期は、よほど特殊な事態でないかぎり、戦季とは考えられていない。とくに大都市を攻める軍の兵士たちは長期間の野営を強いられるので、彼らに休息を与えるためにも、事実上の休戦期になることが多い。イスラム側の総司令官ジャファルも、パレルモにもどって冬を越すことにした。パレルモの近郊で、キリスト教徒たちによる暴動が起こったとの知らせも入っていた。

彼はシラクサ攻略軍の総司令官ではあったが、パレルモに官邸を置く「地方長官《アミール》」でもある。暴動制圧も彼の任務の一つだった。しかし、官邸での久しぶりの安眠は実現しなかった。パレルモに到着した直後に暗殺されたのである。犯人は誰かは、ついにわからなかった。ジャファルの地位と権力に嫉妬《しっと》したイスラム教徒の誰かであったろうと、キリスト教側の記録は推測している。いずれにしろ、シラクサ攻略が中絶したわけではなかった。翌八七八年の春を待って再開される攻防戦の総指揮には、それまでは名も聴いたことはなかった、アブ・イーサの昇格が決まった。

総司令官が代わっても、イスラム側の戦術は変わらなかった。数を頼んで押しに押す、である。温暖でからりと乾いたシチリアの気候が、攻撃側に幸いした。イスラム軍をしばしば苦しめていた疫病の発生も、アラーの神の配慮か一度も起らなかったのである。攻防戦がどのように進んで行ったかについての詳細な記述は存在しない。唯《ゆい》一《いっ》の現場証人であるテオドシオは修道僧なので、人々の悲惨には敏感でも、戦略や戦術の面での展開には関心が持てなかったのだろう。おかげで後代のわれわれは知ることができないのだが、それでも次のことは言えると思う。

攻めるイスラム側は兵糧《ひょうろう》も兵士も充分な状態にあり、そのうえ悪天候や疫病の流行のような不幸に見舞われなかったという好条件にありながら、九ヵ月もの間、シラクサを陥とすことができなかったという事実。

守るシラクサ側は、食糧もつき、市中は病人と負傷者であふれ、死者を埋葬する場所さえもなく、援軍はいつになっても水平線上に姿を現わさないという状態であったにかかわらず、九ヵ月もの長い間耐えつづけたのであった。初めの数ヵ月は、破壊された城壁もその夜のうちに住民総出で修復していたが、年が代わってからは、少しずつ、しかし確実に前線に立つ人の数が減っていき、もはや決定的と言ってもよいくらいに戦況は追いこまれていた。それでも岬全体を城塞化したシラクサの市内までは、敵は侵入することができないでいた。

しかしついに、その堅固な城壁も各所で破られ、修理も追いつかない状態になる。それでも、降伏すれば殺されるか奴隷だ、とわかっている住民たちは闘いつづけた。

それで、攻めるイスラム側は、攻城器を使って投げこむ石弾や火の玉による攻撃を、夜に集中したのである。日中は、シラクサにある富で頭がいっぱいのサラセン人が城壁の崩れた箇所にとりつき、夜になると彼らは休み、代わりに攻城兵器の活躍が始まる。日中も夜中も休めないのは、シラクサの市内にいる人々だった。

落城

攻防戦も九ヵ月が過ぎつつあった五月二十日、その夜はなぜか敵の攻城兵器は沈黙したままだった。不気味な静寂のうちに、南国の初夏の夜が過ぎていった。

しかし、翌二十一日の夜明けとともに、攻撃は再開されたのである。兵士も攻城器もすべて動員しての総攻撃だった。守る側には、城壁の全線にわたっての総攻撃に、対応できる力はもはやなかった。サラセン人は、各所から侵入し始めていた。修道士テオドシオによれば、悪魔のようにわめき叫びながら、緑地に白のコーランの文字を染め抜いた旗を振りたて、汚れて裸足《はだし》で眼だけは獲物を前にした野獣のように光らせながら、大挙してなだれこんできたのである。

彼らの視界に入った者は、兵士も市民も女も子供も、区別なく殺された。シラクサの市内は昔から、平らな石を敷きつめた舗装が成されている。その上を流れていく血で街路はすべり、それが逃げる人の足を奪った。

岬の先端に、海を広く視界に収める高い塔がある。この九ヵ月というもの防戦の総指揮をとりつづけたビザンチンの貴族と、この人のもとで闘ったシラクサの有力者七十人が、その塔にこもって最後の抵抗を試みた。しかし、全市が陥ちて塔だけが助かるわけがない。結局は降伏し、全員が捕虜になった。

シチリア第一の都市であるシラクサには、司教ではなく大司教がいる。大司教ソフロニオと三人の聖職者はシラクサの主教会《カテドラル》に隠れていたのだが、彼らも捕えられた。このときの三人の聖職者の一人が、『クロニコン』の著者のテオドシオである。

陥落したシラクサは、その日一日中、勝者たちに略奪された。美しく豊かで歴史的にも常に重要な都市であったシラクサは、地中海の真珠という別名をもつ。サラセンの兵士たちが略奪に血まなこになったのも無理はなかった。抵抗しなかった人も、押し入った家にいたというだけで殺された。

翌日、中央広場に、捕囚の身に落ちた人の全員が連れてこられた。そして、兵士と市民に二分された。殺戮《さつりく》はただちに、人々の見ている前で始まった。

最初は、ビザンチン帝国のあの貴族だった。彼の罪は、イスラムに対して刃向った責任者、である。

このギリシア人の貴族は、テオドシオによれば、死刑の判決を聴いても表情も変えず、静かで毅然《きぜん》とした態度で死に向った、という。これには、彼に死を言いわたしたイスラムの総司令官アブ・イーサも驚き、それまでは「不信仰のイヌ」とあざけり嘲笑《ちょうしょう》していたサラセン人たちも、彼がのどをかっ切られる様《さま》を黙ったままで見守っていた。

これに、七十人のシラクサの有力者たちの処刑がつづいた。この人々も、堂々と死に向った貴族に遜色《そんしょく》ない態度で死を迎えた。

死は、九ヵ月というもの、ともに闘い抜いた兵士たちにも訪れた。彼らの全員が、広場の中央に追い立てられ、そこで手と足を縛られた姿ですき間なく坐《すわ》らされた。この人間の集団に向って、サラセンの兵士たちは、槍《やり》で突きこん棒でなぐりつけるのをくり返した。最後に、枯れ草の山が運ばれ、それで周囲を囲み火を点けた。生きたままで焼き殺されたのであった。

テオドシオが唯一名を記しているのが前述のタルソス生れのニケータだが、この男は最前線で闘いつづけながら、向ってくるイスラム兵たちを物笑いにしつづけたのである。オレたちがイヌならお前たちは何かね、と。そのたびに怒ったサラセン兵たちは、陥落したときにはお前だけには特別待遇を与えてやる、と言い返していたのだった。そしてこの約束は、完璧《かんぺき》に守られた。

小アジア生れのこのギリシア人の隊長は、最後の楽しみにとっておいたとでもいうように、最後になって広場の中央に引かれてきた。そして、地面にあお向けにされ、手と足を固定された。生きたまま皮を剝《は》がれるという、オリエント式の厳罰が待っていたのである。

生皮を剝ぐと言っても、皮膚だけを剝ぐことはできない。皮膚は肉もついて剝がれる。露《あら》わになった内臓を、サラセンの兵士たちは槍で突き、突いただけではなく槍先で取り出しては広場に投げ始めた。心臓をつかみ出した兵士は、それを歯で喰いちぎっては吐き出した。タルソスのニケータが、どの時点で息が絶えたのかはわからない。だが彼の遺体は、集団で焼き殺された兵士たちの遺体とともに、勝利者たちがシラクサから引き揚げるまで放置されたままだった。

アラブ側の記述では、落城時だけでもシラクサ側の死者は、四千にのぼったという。これでは、生きたまま逃げることのできた人は、わずかであったろう。そのわずかなうちの数人が、港内に隠してあった船でペロポネソス半島に逃げた。そして、そこに停泊していたビザンチンの軍船団に、シラクサの陥落を告げたのである。この船団は シラクサの救援に送られたのだが、冬越しを理由に出港を遅らせているうちに、陥落の報が届いたのである。陥落を知った救援軍の司令官は、船団を率いてコンスタンティノープルにもどって行った。

古代にギリシア人の植民都市として生れ、アテネが敵視したほどの強国として栄え、プラトンが訪れ、アルキメデスを生んだシラクサも、イスラムの手に落ちたのであった。当面の責任者であったビザンチン帝国皇帝の対応も賞《ほ》められたものではまったくなかったが、コンスタンティノープルよりはよほど近い距離にある、ローマの法王が知らなかったはずはない。この時代の通信手段は、幼稚と言ってもよいくらいに未熟だった。だが、地中海の中央に位置するシチリアの、最重要の都市をめぐる攻防戦であったのだ。しかも、九ヵ月もの間、攻防戦はつづいていたのである。

九世紀というこの時代は、キリスト教世界にとっては暗黒だったが、その時代でもイタリア半島の海港都市は、大なり小なり、イスラム支配下のシチリアや北アフリカと通商を行っていたのである。この人々を通して情報が、西欧に伝わらなかったはずはない。とくにアマルフィのイタリア半島での大の得意先はモンテカッシーノの大修道院で、修道院はその地区の司教ではなく、ローマ法王の直接の管轄下に置かれている。モンテカッシーノの修道院長が知っていたことが、ローマの法王に伝わらないはずはなかった。そして、ローマ法王を通して、神聖ローマ帝国皇帝にも伝わっていたはずである。

要するに、西方のキリスト教世界の要人の全員が知っていたのだ。知っていながら、誰一人動かなかったのである。いかに天然の要害の地を城塞化していようと、援軍が来なければいずれは落城するのであった。

シラクサ陥落の知らせは、イスラム化して以後の北アフリカの聖都の観があったカイラワンを、歓喜の渦に巻きこんだ。シチリア全島の征服という聖戦の目的は、勝利のうちに達成されたのだ。市内にはアラーに感謝を捧げる人々があふれ出し、「首長《アミール》」は、特別な祝祭の挙行を命じる。イスラム教徒にとって、聖戦における勝利ぐらい、彼らの信ずる宗教の正しさを証明するものはないからであった。

一方、シラクサでは、勝利者たちによる教会をモスクに改造する作業が進行中だった。偶像崇拝だとして神や聖人の像を敬う行為を嫌うイスラム教徒にすれば、教会をモスクに変えるには、何よりも先に神や聖人の像を破壊する必要がある。シラクサの主教会《カテドラル》はローマ帝国のキリスト教化とともに異教のアテネ女神に捧げられていた神殿を教会に改造したものだが、それが今度はモスクに改造されるのであった。

ローマ時代もギリシア色が濃厚のままでつづいていたシラクサでは、ローマ帝国がキリスト教化した後でも、破壊しつくすには多すぎたこともあって、ギリシア文化の遺産が数多く残っていたのである。イスラムは、それをも破壊した。とはいえ二十一世紀の今日まで残っているものがあるのだから、彼らも破壊しつくせなかったのだが、眼にふれ壊せるものならば破壊したのである。イスラム教もキリスト教と同じ、他の神は認めないことに特質がある、一神教であったからだった。

これらをすべて終えるのに七月までかかったというから、略奪と破壊と教会のモスク化だけに二ヵ月近くかかったのである。もちろん、勝者だけでやったのではなく、捕囚の人々も使役に駆り出されたのだったが。

そしてその後、勝者も敗者も、パレルモに向って発つ。敗者たちは、ロープや鎖につながれての、シチリアを東から西に向う六日の旅だった。

パレルモに着くや、捕囚の身に落ちた人々は二つのグループに分けられた。奴隷として売られる人々の数のほうが断じて多かったが、修道士テオドシオは、そのまま牢《ろう》に投げこまれた少数派の一人だった。牢は、石段を十四段下ったところにある、暗くてじめじめしていて不潔な地下牢であったという。牢内には、キリスト教徒もユダヤ教徒も、犯罪者である黒人もアラブ人も、一緒くたに入れられていた。テオドシオは、ここに入れられて初めて、大司教ソフロニオもいることを知る。大司教も他の入牢者同様に、鉄の鎖で手と足をつながれた姿だった。

八月十二日は、イスラムでは祭日にあたる。パレルモに住むサラセン人たちは、アラーへの敬意を示すために、大司教を火あぶりにするよう「地方長官《アミール》」に要求した。だが、他のイスラム教徒から反対の声があがったのだ。イスラムの法は人身《ひとみ》御《ご》供《くう》を禁じていると、彼らはコーランを手にして反対したのである。大司教ソフロニオには、地下牢生活がつづくことになった。

この大司教が、イスラム教への改宗を強いられたとか、またはそれを拒絶して殉教したとかの事実は、アラブ側でもキリスト教側でも記録にはまったく残っていない。

かと言って、牢内で死んだという記録もない。もしかしたら、この時期からはっきりしてくるシチリア独特のイスラム支配に、使うカードとして残されたのかもしれない。地中海最大の島であるシチリアのイスラム支配は、独特、少なくとも地中海西方のキリスト教世界にとっては独特、であったとしてもよい程度の共生路線、になっていくのである。

イスラム下に入ったシチリア

しかし、人々が最も怖《おそ》れるのは、文明的な侵蝕《しんしょく》よりも軍事的な侵蝕である。文明上の侵蝕ならば、気にくわないし納得もいかないから受け容《い》れない、で済むが、軍事上の侵蝕ではそうはいかない。そのようなことを人間は、教えられなくても肌で知っている。シラクサの陥落で完了したシチリア全島のイスラム化で、イタリアや南フランスに住む人々が感じた恐怖はそれだった。

シチリアの総面積は、二万五千平方キロである。そのシチリアとは近いサルデーニャ島の総面積は、二万四千平方キロになる。ちなみに九州は四万二千で、四国は一万九千平方キロ。地中海最大とそれに次ぐ島であるシチリアとサルデーニャは、九州よりは小さいが四国よりは大きい。ゆえに、九州も四国も「島」という感じでないのと同じで、シチリアもサルデーニャも、「島」という感じを与えない島である。だが、シチリアとサルデーニャが似ているのはここまでだった。

現代ではこの二島とも、毎年数多くの観光客が訪れる観光地として有名だ。二島とも気候温暖で風光明媚《めいび》であるうえに、「青」でなく「蒼《あお》」という漢字で表現したいくらいに深い蒼色をした海に囲まれている。しかし、観光客の過ごし方ならばちがってくる。サルデーニャでは、ヨットや海水浴が主たる愉《たの》しみになるが、シチリアだとそれに加えて、今なお各地に残る二千年以上も昔の遺跡から始まって、それ以降もこの島が経てきた時代がそれぞれに残した、教会や市庁舎や宮殿や別荘を見て歩く愉しみも加わる。一言で言えば、「歴史が厚い」のがシチリアなのである。サルデーニャはその点では、薄い、と言うしかない。時代は飛んで十九世紀に入ると、「グラン・トゥール」の名で知られ、ヨーロッパ諸国の良家の子弟にとっての教養取得という感じで南欧に旅することが流行するが、彼らはシチリアには必ず訪れたが、サルデーニャまで足をのばす者は少なかったのである。

ちなみに、十九世紀にはヨーロッパ諸国のエリートやエリート予備軍に地中海各地を旅してまわることが流行《はや》るようになったのも、その頃ともなればさすがにイスラムの海賊たちの脅威も消えたからである。もしもいまだに彼らが地中海に出没していたならば、拉致《らち》したうえで高額の身代金《みのしろきん》を要求するにはこれ以上の適者はいない北ヨーロッパの良家の若者たちの、個人旅行が流行現象になるはずはなかったのであった。

再び時代の針をもどして話をつづけるが、九世紀当時でさえもすでに、シチリアは充分に歴史の厚い島であったのだ。ギリシア人によるシラクサの建都は、紀元前八世紀にまでさかのぼるのである。そしてこの「歴史の厚さ」は、長い歳月の間に蓄積された人間の技能面での水準とか、この時代にはとくに重要だった港や造船所の建設や整備、そして何よりも船の建造と船乗りの技能となると本領を発揮してくる。シチリアを領有することは、これらのすべてを所有することを意味したのである。これが、シチリアは空母と言えてもサルデーニャは空母とは言えない理由であった。〝空母〟シチリアがイスラム下に完全に入ったことによってキリスト教世界に衝撃が走ったのも、このような事情もあったからである。

他の誰よりもこの事実に鋭く反応したのは、ローマにいた法王ヨハネス八世であった。前年に二万五千もの銀貨を払って買い取った「安全」だったが、約束の一年は過ぎている。その紀元八七九年の春、サラセンの海賊たちは法王領土荒らしを再開していた。つまり、南伊のみでなく、中伊、さらに北伊にさえも及ぶイタリア半島のティレニア海側に住む人々にとって、平和や安全は辞書の中の言葉でしかなくなっていたのである。シチリアをイスラムに奪われたことは、やはり大きかったのだった。

法王は、これらキリストの羊たちの窮状を訴えた書簡を、羊たちを守る責務を負うイタリア王のシャルル三世にも、フランス王にもドイツの王にも書き送った。いずれの王にも法王は、軍勢を率いて南下しイタリアからサラセンの脅威を取り払ってくれれば、ローマで神聖ローマ帝国の皇帝の戴冠式《たいかんしき》を挙行するとの誘い文句までつけ加えている。もしも三人ともがこの要請を受けてイタリアに来ていたならば法王はどうしていたのかと思ってしまうが、その心配は無用だった。三人の王とも、嘆願に似た法王の要請を無視したからである。イスラムの海賊退治よりも、自国内での内紛処理で手いっぱいだからであった。

北ヨーロッパ諸国の王たちに絶望した法王は、南伊の各地に領地をもつロンゴバルド族の諸公たちにも声をかけた。だが、彼らはこれまでにも、幾度となくサラセン人相手に負けている。いかなる誘い文句も、この人々には効かなかった。

法王は、ガエタ、ナポリ、アマルフィ、サレルノという、ローマから南の海に面する海港都市にも、対サラセンの同盟に参加するよう声をかける。だが、これらの海港都市はシラクサが陥落する前からすでにパレルモの「首長《アミール》」との間に通商関係をもっていたので、この種の条約を破棄させることが先決した。

破棄を命ずる法王の言い分は、キリスト教世界の敵との通商関係は敵を利するのみ、というのである。ところが、利していたのはこれらの海港都市のほうでもあったので、ガエタもナポリもサレルノも聴く耳をもたなかった。

唯一反応してきたのは、アマルフィである。これらカンパーニア地方の海港・通商都市の中ではアマルフィがとくに、地中海の東方にまで交易路を広げていたので、リスクを受け容れる気質がより豊かであったのかもしれない。この時期のアマルフィの交易商人たちは、現在の美しく小さくまとまった観光地のアマルフィからは想像もできないくらいに大胆で積極的で、地中海の東半分をもっぱらの交易相手にしていた、ヴェネツィアの商人たちの格好なライヴァルにもなっていたのだった。

しかし、アマルフィも、交易商人たちの合議制で成っている、通商立国の共和国である。また実際、北アフリカやシチリアのイスラム教徒たちとの交易でも利益を得ている。サラセンの海賊たちと戦いをかまえることは、その利益を犠牲にすることでもあった。ただし、東方貿易も活発に行っていたから、稼ぎのすべてを犠牲にするわけではなかったが、相当な部分は犠牲になることは確かだ。その事情を察したのか、それとも現状に絶望しきっていたのか、法王はアマルフィに、サラセンの海賊相手の軍事経費として、一万枚の銀貨を供与することを約束したのである。それでアマルフィ共和国は北アフリカやシチリアの「首長《アミール》」たちとの協約を破棄し、アマルフィが所有するガレー船で編成した軍船団を使って、ティレニア海の海上パトロールを務めることになるはずであった。

ところが、この協定の調印を前にして、アマルフィ側から異議が出たのである。銀貨は一万ではなくて、一万二千の約束であった、というのだ。この異議は、アマルフィの代表者と法王の間での言い争いにまでなったが、アマルフィ側は一万二千をゆずらなかった。前年に法王がサラセンの海賊に、二万五千の銀貨を払って一年間の不可侵を約束させていたのを、法王庁の誰かを通して知ったからである。こちらは地中海西方のイスラム世界との通商による稼ぎを犠牲にするのに、と思ったのかもしれない。結局、法王とアマルフィとの共闘体制は、スタートする前に挫折《ざせつ》した。

法王はますます絶望し、頼りにもしていなかったビザンチン帝国の皇帝にさえも書簡を送るようになる。ビザンチン皇帝バジリウスも小規模な軍船団ならば送ってきたが、サラセンの海賊船団相手に海上で出会ったとたんに敗北を喫し、ほうほうの体《てい》でコンスタンティノープルに逃げ帰ってしまった。

法王は、たび重なる呼びかけも聴き流すだけのナポリにはさすがに腹を立て、ナポリの有力者たちを破門に処す。破門はキリスト教徒にとっては最も重い罰のはずだが、この時期のナポリ人には効果はなかった。

紀元八八二年、法王ヨハネス八世は死んだ。民衆の悲惨に涙し、支配者たちのエゴに怒り絶望した十年の後の死である。それも、自然死ではなく殺されたのだ。誰かにとって、邪魔な存在になっていたのだろう。その誰かが何者かは、まったくわかっていない。中世前期のこの時代のローマ法王とは、サラセンの海賊に拉致される危険が常にあったこともふくめて、相当にリスキーな立場なのであった。

ヨハネス八世が殺されてから紀元九一四年にヨハネス十世が即位するまでの三十二

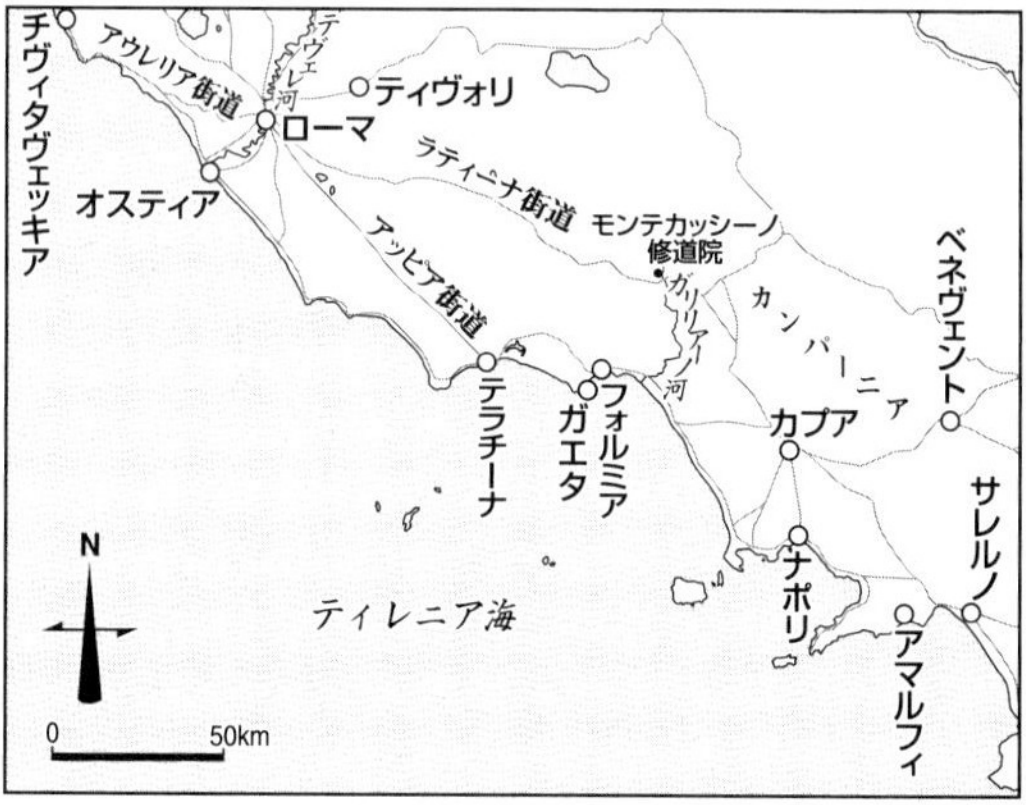

イタリア中部

年間に、十三人もの法王が就任しては死んでいる。法王位は終身制なので、これはもうリーダー不在と言ってよい。同時代のヨーロッパ諸国の王位も入れ代わり立ち代わりで、政情不安以外の何ものでもなかった。ヨーロッパのキリスト教世界全体は、対イスラムで団結するどころか、キリスト教国間の争いでエネルギーを浪費しつづけていたのである。

その情況下で、シチリアはもはや完全にイスラム世界の一部と化し、南部イタリアでも、イスラムの前に立ちはだかるキリスト教勢力はない。サルデーニャにもコルシカにも、サラセンの海賊船の寄港は自由自在。そして、海上戦力に変わりうる海のパワーを有するガエタもナポリもアマルフィも、北アフリカのイスラム教徒と闘うよりも、彼らとの交易のほうを重要視していた。

暗いことばかりのこの時期にとっての唯一の朗報は、法王庁領土の主要港であるチヴィタヴェッキアから、ようやくにしてもイスラム兵を追い出せたことだろう。だがこの明るい知らせも、同じ年の夏に起ったガリリアーノの地にサラセン人が基地を置いたとの報の前には、色褪《いろあ》せてしまったのである。

ガリリアーノとはこれと同じ名の河がティレニア海にそそぎこむ一帯の呼び名で、河口近くの河辺には船を隠すことができるだけでなく、同じ湾内にあるフォルミアまで行けばアッピア街道に、また河を溯《さかのぼ》って内陸部に入ればラティーナ街道にと、ローマと南伊を結ぶ古代の幹線二本に簡単に乗り入れることができる。

ということは、ローマに直通ということだ。ローマ側からすれば、道の向うに常に敵がいる、ということでもあった。そのうえ、ガエタとナポリを結ぶ線上に位置しているので、この二海港都市の連帯を断ち切ることにもなる。ガエタもナポリも、脅しが効く範囲内に入ったということだ。さらに、ラティーナ街道まで行けば、サラセン人たちにとっては、略奪しようが略奪すると脅してカネを巻きあげようが、常に豊かな収穫を保証してくれるほど裕福な、モンテカッシーノの大修道院まであるのだった。

この一帯の海ぎわに別邸をもつことがステータス・シンボルだったキケロ時代のロー

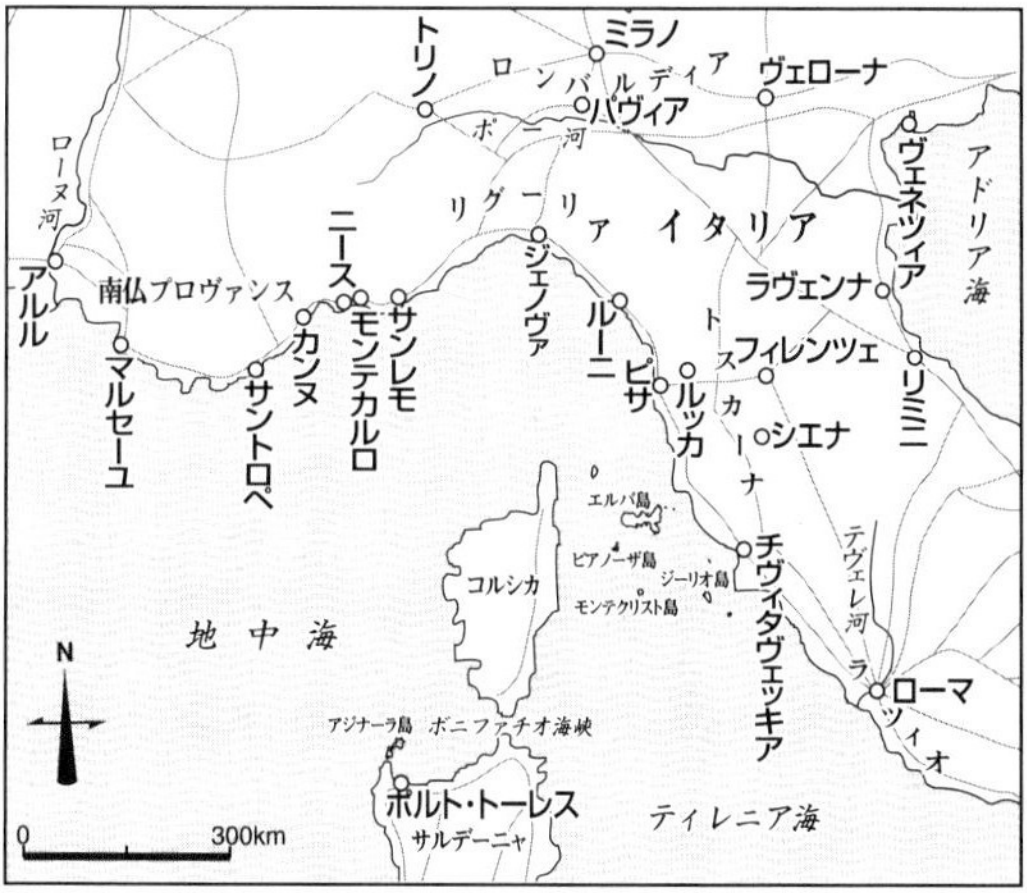

南仏および北イタリア

マ人は思いもしなかったろうが、時代が変われば不動産の価値も変わる。ガリリアーノがサラセンの基地になったと知ったキリスト教側は、この一帯の戦略上の危険性に初めて気づいたのであった。

北アフリカに住むイスラム教徒の戦略眼の確かさに驚いていたのは、イタリア半島のキリスト教徒だけではなかった。サラセンの海賊による被害は、ティレニア海側のイタリアに留まらず、南仏《なんふつ》にも及んでいたからである。堅固な城壁で守られているマルセーユさえも、二度にわたって略奪された。ローヌ河を少し上流に行けば着けるアルルも、二度も略奪されている。しかもこの回数は、九世紀半ばの十年間にかぎっての回数である。守りの堅いマルセーユやアルルでこれでは、地中海を望む他の町や村の被害は計りしれなかった。イタリアに比べれば地中海に面する地方は極度に少ないフランスでも、サラセンの海賊の脅威から逃れられなくなっていたのである。

しかもサラセンの海賊は、この南仏にも基地を置いたのだ。サントロペの近くだが、中世時代には古代のラテン名のまま、フラクシネートゥムと呼んでいた地である。カンヌ、ニース、モンテカルロと連なる地中海有数の愉楽の地コート・ダジュールにも、一千年昔ならばイスラムの旗がひるがえっていたのであった。

北アフリカに住むイスラム教徒の別名であるからには、サラセン人にとっての義務も、「イスラムの家」を拡大する聖戦への参加にある。サントロペを手中にしたのも、日光浴を楽しむためではなくて内陸部への侵攻のためであった。南仏プロヴァンスとイタリアの間には、古代に敷設《ふせつ》された街道が何本も通っている。中世に入って以後はメンテナンスもされず昔の便利さは求められなかったが、小型でも劣悪な環境に耐え脚力も確かなアフリカ産の馬が、サラセンの海賊たちの陸上での行動範囲を広げたのである。こうして、トリノを中心にした北西イタリアまでが海賊に襲われ、物は略奪され、住民は拉致され、町は破壊された。もはや、内陸部の都市でも安全とは言えなくなったのである。

　そのうえ南仏は、フランスを始めとする北ヨーロッパの聖職者たちが、法王のいるローマを訪れるときの通り道になっていた。海路はサラセンの海賊の手に落ちる危険があったので、中世前期の人々はなるべく陸路を選んでいたのだが、それも危険になったのである。ローマの法王と北ヨーロッパのキリスト教国の王たちの間も、手紙さえも容易にやりとりできない距離になった。

「平和《パクス》」は、安全を保障するだけではない。人々の間に横たわる距離を、縮める効用もある。中世前期とは、時代ならば進んでいるにかかわらず、人々の間の距離が古代よりもずっと離れた時代でもあった。ただし、地中海西方をわがもの顔に行き来していた、サラセンの海賊だけは例外ではあったのだが。

「十字軍時代」以前の十字軍

　この情況の中で、ローマ法王にヨハネス十世が就任した。この人は法王になるまではラヴェンナの司教をしていたというから、北イタリアを通して北ヨーロッパの王たちの考えにより通じていたのかもしれない。ということは、あの人々を頼っているかぎり、イタリアはサラセンの海賊から自由になれないと覚悟を決めることだった。

法王ヨハネス十世は、十字軍を提唱したのである。中世の人々は信心深かった。この悲惨で将来への希望も持てない暗黒の時代、すがるものは神ぐらいしかいなかったのだ。法王が自ら率いると宣言した対イスラムの戦いに、武装も不充分で武器の使用にも慣れていないこの人々が志願したのである。また、半月旗に対して十字旗をかかげたヨハネス十世だったが、宗教上の熱情で舞いあがらず、現実的な目標を立てたのは賞《ほ》められてよい。法王自ら率いる十字軍の目標は、ガリリアーノをイスラム勢から奪回する、ということだったのだから。

そのうえ、軍を実際に指揮する人の人選でも、武将としての能力以外のすべてのことは無視した。ベレンガリオという名の隊長だったが、この男は問題多き経歴の持主で、イスラム教徒を敵にするどころか、キリスト教徒とばかり闘ってきた男である。ヨハネス十世の能力重視は、南伊の海港都市の取りこみでも発揮された。

サラセンの船の出入りが激しいガリリアーノの奪回には、海上戦力が欠かせない。この近隣でそれを満たす力をもつ国となれば、ガエタ、ナポリ、アマルフィである。この三海港都市がシチリアや北アフリカのイスラム教徒との間に密な交易関係を持っているのは、法王とて知っていた。知っていながら法王は、この三つの海港都市に、イスラムとの通商協定を破棄せよとは迫らなかった。そのようなことにはふれず、何がどうあろうとガリリアーノ奪回の十字軍に参加せよ、で押しきったのである。

そして、こうも無理に無理を重ねて作りあげた対イスラム軍である。慎重を期している間に自然消滅するのを見たくなければ、鉄は熱いうちに打て、以外に策はなかった。紀元九一六年、法王即位から二年も過ぎない年、法王ヨハネス十世はローマを発《た》ち、アッピア街道を南に向った。その法王には、宗教上の指導者が軍勢の先頭に立つとは嘆かわしい、という非難の声も届かなかった。いや、届きはしたのだが無視した。

一方は半月旗をかかげ、他方は十字架をかかげての戦闘は三ヵ月に及んだ。前半はガリリアーノをめぐって、後半は河ぞいに内陸部に逃げたイスラム勢を追って闘った三ヵ月だった。その間法王は、ローマに帰らず戦線に留まりつづけた。これはキリスト教徒たちを元気づけたが、イスラム側もしぶとかったのは、彼らを指揮していたサラセンの海賊の頭目が、部下たちを宗教的な狂信に駆り立てるのに成功したからである。

戦役自体はローカルな規模で、歴史上の著名な史実にはなりようがない。だが、戦場で相対《あいたい》しつづけた両者ともが、一方は通商による稼ぎを忘れ、もう一方は海賊による稼ぎを忘れて闘ったのである。

戦果を手にしたのは、キリスト教側であった。ガリリアーノからサラセン人の姿が消えただけでなく、中伊から南伊にかけてのティレニア海側からも、海賊船の姿が消えたのである。チヴィタヴェッキアも奪回し、ガリリアーノも奪回できたことは、ローマに住む法王にとって、北に向うアウレリア街道も、南に通ずるラティーナやアッピアの街道の向うにも、敵を感じなくてよくなったということであった。

しかし、たった一度の勝戦で、中伊から南伊にかけて脅威を与えつづけてきた、サラセン人たちを放逐《ほうちく》できるわけではなかった。実に幸いなことに、北アフリカではしばしば起っていた、アラブ系とベルベル系やムーア系のイスラム教徒の間での内紛が、つまりは原イスラムと新イスラム間の争いが、この後につづいて爆発したからである。これが起ると北アフリカの各地では暴動が連発するのだが、それが一段落するまでは海賊業は開店休業になるのだった。

この時期の内紛は一段落するまでに相当な年数を要し、その間、南イタリアを除くイタリア半島は平和を享受《きょうじゅ》できたのである。ならばその歳月を次なる来襲にそなえての防衛体制の確立に費やしたかといえば、まったくそうではなかった。のど元すぎれば熱さを忘れる、を地で行って、キリスト教世界は再びバラバラになったのである。ビザンチン帝国に至っては、年に二万二千のビザンチン金貨を払うことを条件に、ビザンチンの商船へのサラセン海賊の襲撃を控えてもらう協定を結んだくらいだった。これは結局、守られなかったのだから、二万二千の金貨は無用の出費になったのである。

法王ヨハネス十世はこのような時代をさらに十年生きて、紀元九二八年に殺された。この法王も誰かにとって、邪魔な存在になっていたのだろう。中世時代に、それも文字どおりの「暗黒」であった中世前期に、ローマ法王を務めるのは命がけであったのだった。

間奏曲《インテルメッツォ》「暗黒の中世」に差した一筋の光

「イスラムの寛容」

歴史上の事象とは、ほとんどの場合、数多の事象や現象が並行して進んでいく。それも、すべての事象が横一線に並んで同時に進むのではなく、あることは先に起り、別のことは遅れて起るので、横一線どころかデコボコなままに進行する。これが歴史叙述が複雑になる要因だが、このことを無視して歴史学者たちが重要とする事象だけで歴史を叙述すると、わかりやすいかもしれないが受験用の教科書になってしまう。

歴史の叙述は、真珠の首飾りを作るのに似ている。大つぶで色が同じでつやも良い珠《たま》だけで作ろうとすると、つぶは少しばかり小さいが色とつやは絶品という珠があっても使いようがない。とはいっても、価値はあるのだから捨てるわけにはいかない。並の職人ならば、その真珠を使って指輪でも作るだろう。だが、想像力豊かな細工師ならば、ごく小つぶのダイヤかルビーをまわりに配するなどして、真珠だけであった首飾りに変化をつけた作りにするだろう。それも、他の真珠の美しさと品位を損うことなしに。

これから述べるのは、地中海の歴史の上での小つぶの真珠である。これが、以後の地中海世界の歴史を左右する力を持てなかった理由は、キリスト教側からもイスラム側からも、異端視されつづけたからであった。

古代ローマのユリウス・カエサルの言句の一つに、次のようなものがある。

「後にはどんなに悪い事例とされるようになることでも、それが始められたそもそもの動機は、善意に基づいていたのだった」

歴史はいかにこの種の事例に満ちているかは言うまでもないほどの真理だが、この真理も裏返せば次のようになるのではないだろうか。

「後にはどんなに良き事例とされるようになることでも、それが始められたそもそもの動機ならば、悪意（とまではいかなくても賞《ほ》められはしない想《おも》い）に基づいていたのだった」

シチリアのイスラム支配の責任者であったパレルモ駐在の「首長《アミール》」に、紀元九世紀当時のシチリアに新天地を築こうという高尚な想いがあったのではない。彼はただ、自らの地位の向上を意図しただけなのである。

それまでずっとパレルモの「首長《アミール》」が命令に従わねばならない相手は、北アフリカ全域のイスラム教徒にとっては聖都のような存在になっていた、カイラワンの「首長《アミール》」であった。だが、カイラワンが東のバグダッドとちがってますます宗教色を強めていくにつれて、この地の「首長《アミール》」に任命されて赴任してくる人も変わってくる。原イスラムと呼ばれたアラブ人であるのはもちろんだが、行政官というよりも、イスラムの法学者や導師《イマーム》の「首長《アミール》」がつづくようになる。結果として、パレルモの「首長《アミール》」に命令を下すのは、チュニスにいる「首長《アミール》」になっていた。

これが、パレルモの「首長《アミール》」には気にくわなかったのである。理由は、彼の立場に立てばわからないでもなかった。第一に、五十年つづいたシチリア征服行も、チュニスからの兵力に頼っていたのは初めのうちにすぎなく、その後はシチリアに住みついたイスラム教徒が進めた軍事行動であったこと。

第二は、その人々の多くは原イスラムと呼ばれるアラブ人であったらしいのだが、彼らは北アフリカでしばしば爆発する、ベルベル人やムーア人の新イスラムによる反《はん》撥《ぱつ》に飽き飽きしていたことだ。北アフリカのイスラム世界での不安定要因には、「原」と「新」のちがいのみでなく、それによる社会的地位の差だけでもなく、宗派間の抗争まで加わるのだから複雑だった。シーア派とスンニ派の争いも、この時代からすでに熾烈《しれつ》をきわめていたのである。

第三だが、彼らはおそらく、スペインのイスラム教徒の支配のやり方に啓発されたのではないかと想像する。イベリア半島のイスラム支配は、統治者が「アミール」と呼ばれようが「カリフ」と呼ばれようが、北アフリカの同輩たちとの連携関係は薄かった。

第四は、シチリアは島だがその広さとなると、優にチュニスの「首長《アミール》」の治める地域に匹敵したことである。また、地理上の広さではなく生産性を尺度にすれば、それ以上と言ってよかったのだ。

古代のローマ時代ではシチリアも本国に農産物を輸出していたが、同時代のチュニジアの重要度は、シチリアどころではなかったのである。古代、アフリカと言えばチュニジアのことであったくらいで、この時代のチュニジアは、カルタゴを中心とした農業と通商で、そしてとくにアフリカの奥地から運ばれてくる黄金で、北アフリカ全体の要《かなめ》とされる価値は充分にあったのだった。

しかし、帝国末期に北方蛮族のヴァンダル族に征服され、その後にはビザンチン帝国による悪政がつづき、紀元七世紀にはイスラムの支配下に入る。ローマ的な考えも死んだが、帝国の穀倉と言われたほどに盛んだった農業も死んだのである。このチュニジアを中心とする北アフリカ一帯が海賊の巣窟《そうくつ》と化したのも、住民たちに食べていく道がなかったからでもあった。

一方、その間のシチリアは、北方蛮族の襲来を免れ、蛮族とビザンチン帝国との戦争の舞台にもならず、おかげでビザンチン帝国の悪政の影響も他に比べれば少なかったという、比較的にしろ安泰な時代を送っていたのだった。当然、住民の大半はキリスト教徒のままでつづいている。イスラム教に改宗したベルベル人やムーア人と共生しなければならない北アフリカとちがって、シチリアを征服したアラブ系のイスラム教徒が支配していかねばならないのは、いまだに古代のギリシアやローマの残影さえも残すキリスト教徒なのである。支配のやり方が変わったとしても、当然であったのだった。

パレルモ在住の「首長《アミール》」は、どう策を弄《ろう》したのかは知らないが、カイラワンやチュニスの「首長《アミール》」から任命されるのでなく、バグダッドの「カリフ」からの直接の任命に変えたのである。チュニスからパレルモへは、わずか一、二日の船旅だが、メソポタミア地方のバグダッドからでは、命令が届くまでの日数は比較にならない。上司のいる地が遠ければ遠いほど、その指令を受けて動く人の裁量度は高まるのだ。一時は「カリフ」と名乗ったらしいが、いずれにせよパレルモの「首長《アミール》」によるシチリア支配が、よりシチリア的に成される素地は整ったということであった。

イスラム教徒によるシチリアの征服は、その完了までには紀元八二七年から始まって八七八年のシラクサ陥落で終わる半世紀を要したが、シチリアでの彼らの支配が、シラクサ陥落を待つことなく、そのずっと前から始められていたのは当然だ。そしてシラクサの陥落後も、その路線のままでつづくのである。それは、イスラム側が、「イスラムの寛容」と自画自讃《じさん》するものであり、シチリアでは成功したのである。

まず、他の神を認めないところに最大の特質がある一神教のイスラム教徒が別の一神教のキリスト教徒を支配下に置いていながら、シチリアでは、殉教者がほとんどと言ってよいくらいに出ていない。つまり、イスラム教への改宗を拒否して、キリスト教に殉じて死んだ人はいなかったのである。かと言って、シチリア中のキリスト教徒が、イスラム教に改宗したわけでもなかった。

第二は、同じキリスト教徒たちが攻められているシラクサ攻防戦に、馳《は》せ参じたシチリアのキリスト教徒がほとんどいなかったという事実があげられるだろう。攻防戦は九ヵ月もの間つづいていたのである。その間シチリアの他の地域で、反イスラムの蜂起《ほうき》が頻発しても不思議はなかった。支配者が戦線に兵力を投入しているスキに後方で蜂起するのは、被支配者にとっては常法でもあったのだから。それが、これまたほとんどと言ってよいくらいに起っていない。

シラクサが、これまでのビザンチン帝国下での悪政の象徴だから、それを助けるのに命を捧《ささ》げたくない、という気持ならばわかる。しかし、たとえシラクサが防衛に成功したとしても、それが即、シチリア中がビザンチン支配下にもどるわけではなかった。当時のシラクサは、ほぼ全島がイスラム支配下に入っていたシチリアの中の、孤島でしかなかったからである。もしも九ヵ月の攻防戦の間に蜂起が発生していたとしたら、それはイスラム支配への反撥であって、ビザンチン支配への回帰ではなかったであろう。それでいながら、シラクサ以外のシチリアに住むキリスト教徒たちは、九ヵ月もの間おとなしくしていたのである。

第三に、イスラム支配に屈して以後のシチリアからは、「ルーミ」（直訳すればロー

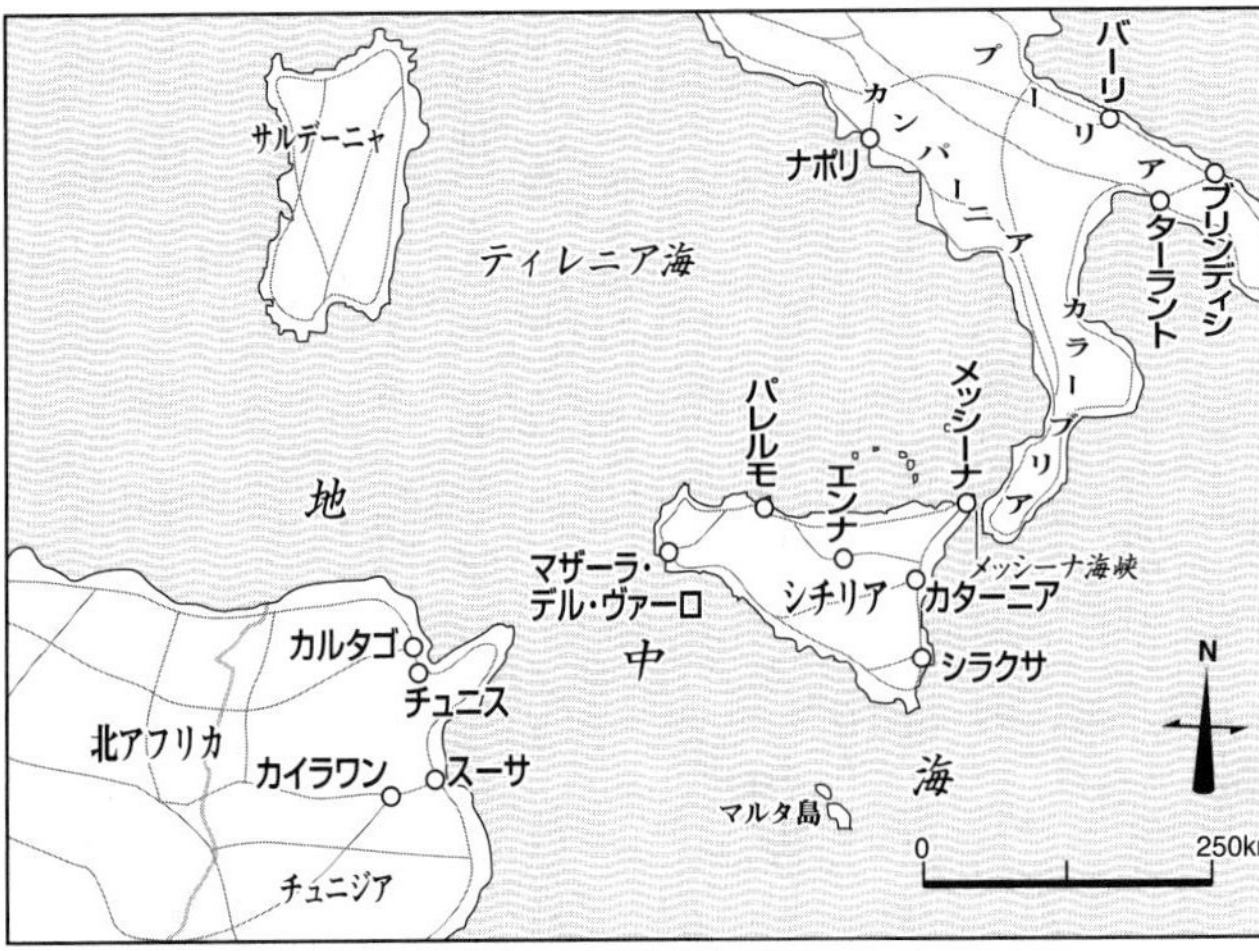

シチリアとその周辺

マ人、意訳すればキリスト教徒）の地を襲う海賊行が、ほとんどと言ってよいくらいに成されなくなったことである。事実、「ルーミ」側ではこの頃から、「サラセン人」と「アラブ人」を使い分けるように変わっている。「サラセン人」と言えば、北アフリカに住むイスラム教徒で海賊を生業《なりわい》としている人々、であり、一方「アラブ人」は、シチリアに住むイスラム教徒、というように。

そして、イスラム・アラブの支配下に入って以後のシチリアは、古代ローマ時代に優《まさ》るとも劣らないほどの、繁栄を享受《きょうじゅ》することになるのである。これもすべて、イスラム・アラブの支配のやり方のおかげなのだが、その支柱になった「イスラムの寛容」の、実態はどうであったのか。

現代では「イスラム諸国」と言うようにイスラム教徒たちも国別に分かれ、イスラム教徒でないわれわれもそれを当然と思っている。だが、イスラム教にはもともと、国家の概念が存在しない。イスラム教を信ずる人々すべてを囲いこむ、「イスラムの家」の概念があるだけである。

ところが、国家の概念がない場合、困ることが一つある。それは、税金を取れないということだ。税金とは国家が、国民が一人では行えないことを一括して代行するための費用だから、国家の意義が存在しなければ税金の意義も存在しないことになる。というわけで、イスラム国家では、古代ギリシアの都市国家から始まってローマ帝国で完成し、その後も現代までつづいている「国税」を、徴収するわけにはいかないのである。

だがこれでは、実際面で困ってしまう。国家の概念はなくても、実際に人間が生きていくのは住民共同体の中なのだから。

しかし、コーランも、動産と不動産を合わせた私有財産の保持は認めていた。それにならば、「税」を課すことが可能になる。これが「ザカート」(zakat)という名のイスラム教徒に課される唯一《ゆいいつ》の税だが、その意味となるとギリシア・ローマ型の税とはちがってくる。それを直訳すると、次のようになる。

「裕福な人が、貧しい人の餓死を放置したとしたら感じるであろう悔恨の情を、清めるため」に財布のひもをゆるめるというのが「ザカート」である。だから、課されて払うのではなく、あくまでも自発的な寄附行為になる。キリスト教世界の慈善と同じだ。ゆえにキリスト教世界での慈善事業への寄附が国家を通さないのに似て、イスラムの世界でも、貧しきイスラム教徒に助けの手をさしのべることを目的に設立された、事業体に寄附する、という形になる。現代のキリスト教国が問題にしているのは、その事業体からテロリストたちにカネが流れているということなのだが、貧しく困っているイスラム教徒への援助団体がテロリスト集団とつながりがあったとしても、論理的には文句のつけようがない。

その問題は脇《わき》に置いて、話を中世前期のイスラムにもどすが、この「ザカート」にはもう一つ問題があった。性質が「悔恨の情を清める」ことが目的の自発的行為である以上、ローマ帝国の税のように一定の税率を定められないということである。しかし、いくら入ってくるかが不定では、貧民救済という名の福祉政策にしろ、組織化は不可能になる。しかし、マホメッドは、もう一つの税も認めていたのだった。

それは、敗者、つまり被支配者に課される税である。

これがイスラム世界全体ではどの程度まで忠実に実施されていたのかは知らないが、ビザンチン帝国に属していた近東の人々も、中東はメソポタミア地方のペルシア人も、アラブ人による征服後は大半がイスラムに改宗しており、改宗しなかったのはユダヤ教徒が多く、この税がオリエントでは、もっぱらユダヤ人を対象にしていたというのは納得できる。

そしてこれは、征服者であるイスラム教徒の保護下にあり、そのイスラム世界でも自分の信ずる宗教を守りながら生きていける代わりとして、収益なり収入なりの半分を差し出す、と決められていた。イスラム的に言えば、「イスラムの家」の中でも非イスラム教徒の存在に「耐える代償」ということになる。それにしても税率五〇パーセントとは非人間的に高い、と思うかもしれないが、中世前期のこの時代、必ずしもそうとは言えなかった。

ローマ帝国でも被支配者に課されていた属州税があったが、税率は一〇パーセントだった。だが、中世の封建諸侯や同じく大地主だった修道院に小作人が払っていたのは、土地所有者によって差異はあったにせよ、五〇パーセントは優に越える額であったのだ。古代では「広く浅く」であった税制が、中世では「狭く深く」になったからで、それは中世では、聖職者を始めとする免税対象が増大したからである。つまり、税を払う人よりも払わない人のほうが多い社会になっていたのだった。

また、たとえ五〇パーセントにしても、イスラム世界とキリスト教世界では、信仰深い中世人から見れば、大きなちがいもあったのである。イスラム教では、この税さえ払えば「異教徒」の存続は認めていたが、キリスト教では認めていなかった点である。キリスト教世界では、「異教徒」どころか、同じキリスト教徒でも「異端」さえも認めていなかった。

シチリアでも、征服の当初は聖戦の熱意に燃えすぎていたのか、敗者になったキリスト教徒に対する処遇は苛酷《かこく》で、被征服者に課されるこの種の税も厳密に実施されたようである。それゆえ、早い時期にイスラムに征服されたパレルモを中心とするシチリア西部では、しばしば蜂起が発生したり、反対にキリスト教徒が大量にイスラムに改宗するという現象が頻発している。イスラム教徒になれば、重税を課されないだけでなく、北アフリカに奴隷《どれい》として売り払われる危険もなくなるからだった。

それで、シチリアの支配者となったアラブ人も、考えたのではないかと想像する。

第一に、北アフリカとの関係を薄くし独立の方向に進みたい以上は、北アフリカからの援軍派遣の理由になりうる、被支配者による蜂起や暴動は起らないに越したことはないこと。

第二は、シチリアがイスラム教徒ばかりになってしまっては、非イスラムに課されるこの税も徴収できなくなること。貧者に対する悔恨の情を清めるための「ザカート」は入ってきても、それを行政や軍事の費用に転用することはできないのだった。

こうしてシチリアのアラブ人は、実に現実的な支配の方法に到達したのである。

まず、被征服者であるシチリア人に、イスラム教への改宗を奨励しないことにした。いや、改宗しないよう奨励したのである。

もちろん、この人々の存在を「耐える」代償として、税金は課す。ただし、実質的な減税にはした。地租税と人頭税に分けることによって。

地租税はアラブ語では「ハラージュ」（kharaj）と呼ばれ、耕作地からあがる収益の一〇パーセントに、動産とされていた家畜の頭数に課される二・五パーセントの合計だ。どうやらこの税は、シチリア在住のイスラム教徒にも課されていたようである。

問題はシチリア在住のキリスト教徒にのみ課された人頭税で、こちらはアラブ語で「ジズヤ」（jizya）と呼ばれた。ただし、キリスト教徒ならば全員に課されたのではない。女、子供、身体に障害をもつ者、物乞《ものご》い、奴隷は免除されていたので、人頭税の課税対象は成年男子に限られていたことになる。

それに、成年男子ならば誰にでも、同額が課されたのでもなかった。財力によって上流、中流、下流と三分され、それぞれが納入する銀貨の数には差がつけられていた。ここでは、「ディルハム」（dirham）銀貨立ての一年の納入数を記す。

上流――四八枚
中流――二四枚
下流――一二枚

銀三グラムで出来ていた「ディルハム」銀貨が、中世前期のこの時代にどれだけの価値があったのかを探るのは大変にむずかしい。あの当時は銀自体が二十一世紀の今よりも断じて貴重で、だからこそサラセンの海賊は、他のどこよりも修道院や教会を狙《ねら》ったのである。キリスト教のミサやその他の祭儀に用いる聖具類は、ほとんどが銀製であったからだった。

このような事情で、一千年前の銀貨の貨幣価値を知るのは不可能に近い。だが、それでも探ろうと思えば、次のようになる。二〇〇八年十一月の段階での一グラムの銀が、〇・五ユーロ弱であるとしてだが。そして一ユーロも、百二十五円とすれば、である。

上流——百四十四グラムの銀——七十二ユーロ——九千円
中流——七十二グラムの銀——三十六ユーロ——四千五百円
下流——三十六グラムの銀——十八ユーロ——二千二百五十円

もしもこの程度とすれば「安い」と言うしかないが、あの時代ならばこの十倍、ないし二十倍の価値であったかもしれない。しかし、それでもなお、非人間的な出費にはならないのではなかろうか。イスラム支配下でもキリスト教徒が信仰を守りながら生きていくための、これが「代金」なのであった。イスラム側から言えば、〝耐え代〟である。

アラブ人はこれを、「ズィンマ」(dhimma) と呼んでいた。「保護」の意味である。だがこの意味だけでは相当に偽善的で、本音は「耐えてやる」にあったと想像する。ローマのような多神教の世界ならば「保護費」で済むところだが、一神教の世界となると、「保護」も「耐えてやる」の意味になるのであった。それでも同時代のキリスト教世界では、異教徒の存在自体を耐えなかったことを思えば、カネを払えば耐えてあげる、というのだから、「イスラムの寛容」としてよいのかもしれない。

しかし、「耐え代」さえ払えばイスラム教徒と同等の境遇になれたかと言えば、まったくそうではなかった。イスラム支配下のシチリアではキリスト教徒でも、肉体の安全、行動の自由、信教の自由は認められ、財産も保護されていたが、いくつかの不自由は耐えねばならなかったのである。つまり彼らにとって生きていく道は、あくまでも「第二級の市民」にしかなかった。

まず、イスラム教徒にキリストの教えを説くことは、厳重に禁じられていた。

新たに教会を建設することも禁止。

キリスト教の祝日に、祭列をつくって町を練り歩くことも、教会の鐘を鳴らすことも禁じられていたのである。

武器を持ち歩くことも禁止であったし、家の中ならばよいが、人前で葡萄酒《ぶどうしゅ》を飲むことも禁止。キリスト教徒の住む家の扉には、それが何であったのかは今では判明しないのだが、何であれ「しるし」を付けることは義務とされていた。

イスラム教徒との結婚は厳禁。道でイスラム教徒に出会えば、道端によけて、道をゆずらねばならないとも決められていたのである。


近現代の人権尊重の理念に基づかなくても人道に反すると言うしかない禁令だが、当時での実態ならば、屈辱的で耐えがたいと感じられるほどではなかった。早くに征服され、モスクが三百もあったと言われたパレルモは別としても、征服行の前半期にイスラムの支配下に入ったシチリアの西部ですら、イスラム教に改宗したキリスト教徒は、半数にも満たなかったと言われている。メッシーナ、カターニア、シラクサという古代ギリシアからの都市が集中するシチリアの東部ともなると、ほとんどの人々がキリスト教徒のままで残ったのだ。まわりが皆二級市民の社会では、これらの禁令も、不都合はさしてなかったのではないかと想像する。イスラム教徒と道で出会う率だって、かぎりなくゼロに近かったのだから。それよりも、イスラム・アラブの支配下に入って、トクするようになった利点も多かったのである。

イスラム下のシチリア社会

まずあげねばならないのは、農園の形態が大規模農園から中小規模の自作農に移行したことだった。

古代・中世を通じての主な産業は、農業であることでは変わりはなかった。ローマ時代のシチリアでは大規模農園が一般的で、それが合理的に運営されていたのが、シチリアがローマ帝国の穀倉とされていた要因だった。中世に入って以後は、生産性で比較するならば、やはり低下していたのである。北方蛮族の侵略は受けず、蛮族とビザンチン帝国の間にくり広げられた長期にわたる戦役の被害も受けなかったにもかかわらず、シチリアの農業は衰退していたのだった。

その理由の最たるものは、帝国がキリスト教化して以後により広く実施されるようになった、長子相続の制度であろう。これにより農地の細分化は避けられたが、農園経営の硬直化をもたらしたのだった。世襲が重なるにつれて、当事者はごく自然に守りにまわるようになる。これまでの生活水準を維持するだけならば、これまでに作っていたものだけを作りつづければよいからだ。シチリアではそれが、古代からの主産物である小麦だった。

このシチリアの新たな支配者になったアラブ人は、どういう理由をつけたのかはわからないが、イスラム・アラブ式の相続法を強いたようである。相続権は長男一人にあるのではなく、男ならば子の全員にあるとする相続制度だった。

これで一挙に大農園制度は崩壊し、中小の自作農がシチリアの農業の主人公になったのである。早期にイスラム下に入っていたシチリア西部では、農園主が家族もろとも殺されたために無人の地になっていた農地をわがものにしていたアラブ人が多かったのだが、これらのイスラム教徒にもこの相続法は適用されたようである。ゆえにシチリアでは、キリスト教徒・イスラム教徒の別なく、中小の自営農民の時代に移行したのであった。これは、多くのプラスをもたらした。

第一に、農園主自身が、農園の運営に直接にたずさわるようになって、細かいことにまで眼を光らせることができるようになったこと。

第二は、ごく自然に、自由競争の環境が生れたこと。

第三に、アラブ人の農園主の先導によったのはまちがいないが、オリエントから多くの新品種が移植されたこと。

第四、これまたアラブ人のイニシアティヴによること疑いないが、この面では中世では断じて先進地方であったオリエントの灌漑《かんがい》方法が導入されたこと。

第五、農業が繁栄するには、次の諸条件が保証される必要がある。安全と平和の維持、流通と市場のネットワークが機能していること。

安全と平和は、それまでは襲い奪っていた人々が居着いて農業や通商をするようになったのだから、ごく自然な形で保障されるようになった。

流通と市場のネットワークだが、こちらのほうも問題はない。北アフリカ全域にイベリア半島という、イスラム化した広大な市場があった。それに加え、「アウストロ」(南風)や「シロッコ」(南東風)に乗れば数日で着ける、南イタリアの海港都市がある。しばらくして、これらのキリスト教勢に、ピサ、ジェノヴァ、ヴェネツィアも加わってくる。

イスラムに支配されるようになったシチリアでは海賊に上陸される心配はなくなったが、海上でサラセンの海賊船に襲われる心配もなくなったのである。シチリアの船ならば、もはやイスラムの船なのだ。それを襲っては、サラセン人も、聖戦の一翼を担《にな》っていると自負している「コルサロ」ではなく、「ピラータ」（単なる海賊）になってしまう。イスラムの法でも、犯罪者への処罰は厳しかった。

イスラム・アラブ時代のシチリアの中心は、もはやはっきりとパレルモだった。十世紀にこのパレルモを訪れたアラブ人の旅人は、次のような叙述を残している。

――アル・ムカダーシ（Al-Muqaddasi）――

「シチリアの首都であるパレルモは、海をすぐ近くに望む地に位置している。アル・フスタート（カイロの旧市街）より広い。だが職能別に、いくつもの地区に分れている。都市の建造物に使われているのはレンガとしっくいで、そのために多くの建物の色が、赤と白の混合だ。町中でも水路が張りめぐらされ、各所に噴水が水を噴きあげている。その中でも広い運河は、ワディ・アッバース（Wadi Abbas）と呼ばれ（現オレート川）、水車の数も多く、これらの豊かな水のおかげで果実も葡萄も豊富に産する。モスクも多く、郊外にある市場は金曜以外ならば連日開かれ、都心部には一大通商区域まであり、おかげで全市が活気に満ちている。街を囲む城壁からの出入りは四つの門からであり、それらの門から街道がシチリア全島に通じている」

同じ頃にシチリアを旅してまわった地理学者は、次のような叙述を残した。

「シチリアの島全体が、その美しさと豊かさで、地中海の真珠と讃《たた》えられているがその資格は充分にある。世界中のどこよりも、自然環境に恵まれ、長い歴史をもち、それぞれちがう支配者に愛されてきたのがシチリアだ。

現在のシチリアには、あらゆる国から旅人が訪れ、交易商人が集まってくる。その彼らも、異口同音に賞讃するのだ。シチリアの重要さを、シチリアの美しさを、そしてここに住む人々と交易する有利を。イスラム世界の他のどこよりも、これらの利点が、人々をシチリアに引き寄せる。

このシチリアの歴史のもつ魅力は、実際にそれを自分の眼で見た者には忘れがたい思い出として残るだろう。今でも残っている、輝かしい過去の遺跡。それぞれちがう時代ごとに、支配者たちが残した建物。今このシチリアを支配している人々は、この古《いにしえ》の支配者たちの後継者と思うだけで、誇り高い気持になるのではないか」

――イブン・ハウカァト（Ibn Hawqat）――

どうやらこのイスラム教徒は、同時代のキリスト教世界のエリートとはちがって、ギリシアやローマの異教文明にもアレルギーでなかったようである。

アラブ人はこのシチリアの首都パレルモに、一大トレード・センターを建設しただけではなかった。ビザンチン帝国による締めつけを嫌ってペルシアに逃げたギリシア人を通して知った、哲学、天文学、数学、幾何学、医学、のすべてを移植したのである。もはやシチリアのイスラム教徒は、たとえ聖戦という大義があろうとキリスト教徒を襲って奪うことはやめ、シチリアで生産しそれを生業とすると決めたからこそ、良いと思ったことのすべてを移植したのである。自分の家だと思うから、その家を快適にするのに熱心になるのだ。

そして彼らが、最も熱心になったのが農作物の移植だった。それを一覧表（二四六―二四七頁《ページ》）にする。これを見れば、後代のヨーロッパ人が「君知るや南の国」と歌ったシチリアは、アラブ人が作ったシチリアであることに納得がいくだろう。そして、この一覧表には、農作物以外にも、アラブ人の言語が語源になっているもののいくつかも加えることにした。それを見れば、イスラム・アラブの影響は、決して九世紀から十一世紀にかけてのイスラム支配時代のシチリアに限定されず、後代にも広く影響したことがわかってもらえるにちがいない。

しかし、これらのすべてを足しても越えることのできないアラブ世界からの贈物は、キリスト教世界へのアラビア数字の導入であったろう。アラビア人がインドで知ったこのタイプの数字は彼らによって地中海世界の西方にもたらされ、これは今なお世界中で、「アラビア数字」と呼ばれ活用されつづけているのである。

1 － Ⅰ
2 － Ⅱ
3 － Ⅲ
4 － Ⅳ
5 － Ⅴ
6 － Ⅵ
7 － Ⅶ
8 － Ⅷ
9 － Ⅸ
10 － Ⅹ
50 － L
100 － C
500 － D
1000 － M

これが、九世紀から十一世紀にかけてのシチリアであった。地中海の中央に浮ぶ空母ではなく、地中海世界の一大トレード・センターとなったシチリアである。

このシチリアの港に出入りするのは、海賊船ではなくて商船になった。シチリアに腰をおちつけたイスラム教徒は、もはや海賊ではない。事実、同時代の北アフリカの主要港には必ずあった、「浴場」と通称された強制収容所は、シチリアではパレルモにさえもなかったのである。拉致《らち》してきたキリスト教徒を安い労働力として使うのは、経済的見地から見れば有利であったろう。だが、迎え撃ちにあったり海難事故で死ぬ

フランス語	スペイン語	英語	ドイツ語
citron	limón	lemon	Zitrone
orange	naranja (*or* anaranjado)	orange	Orange (*or* Apfelsine)
sucre	azúcar	sugar	Zucker
aubergine	berenjena	aubergine	Aubergine
safran	azafrān	saffron	Safran
artichaut	alcachofa	artichoke	Artischocke
alambic	alambique	alembic	Destillier-kolben
almanach	almanaque	almanac	Almanach
amiral	almirante	admiral	Admiral
azur (*or* bleu)	azul (*or* azul claro)	azure	Himmelblau
douane	aduana	customs	Zollamt
jasmin	jazmn	jasmine	Jasmin
luth	laúd	lute	Laute
magasin (*or* entrepot)	almacen	magazine (*or* storehouse)	Magazine (*or* Lager)
carnet (*or* calepin)	agenda (*or* carne)	notebook	Notizbuch
tarif	tarifa	tariff (*or* rate)	Tarif (*or* Gebühr)
zénith	cenit	zenith	Zenit

アラブ語から入ってきた単語一覧

日本語	アラブ語	イタリア語
レモン	laimūn	limone
オレンジ	nārangia	arancia
砂糖	sukkar	zucchero
茄子（ナス）	bādingiān	melanzana
サフラン	za'frān	zafferano
アーティチョーク	kharshūf	carciofo
(ガラスの)蒸留器、ランビキ	alambig	alambicco
歳時記	al-manah	almanacco
海軍提督	amīr al(-bahr)	ammiraglio
紺青色	lāzwardi	azzurro
税関	dīwān	dogana
ジャスミン	jāsamin	gelsomino
リュート	al-'ūd	liuto
倉庫	mahāzin	magazzino
手帳・メモ帳	taqwin	taccuino
料金表	ta'rīfa	tariffa
天頂・頂点	samt	zenit

リスクまで冒して拉致してくるのでは、他に生きる道ができればワリに合わなかったのだ。シチリアのイスラム教徒は、「他に生きる道」を見つけたのである。

奴隷は、中世にも存在した。古代の奴隷制と異なっていた点は、キリスト教徒は同じキリスト教徒は奴隷にはできないが、イスラムやその他の異教徒ならばできる、であり、イスラム教徒も同じで、同信のイスラム教徒は奴隷にはできないが、キリスト教徒やその他の異教徒ならばOK、というところだけであったのだ。いかなる宗教を信じていようと奴隷化はできない、と決まるのは、十九世紀になってからの話である。それよりは一千年も昔に遡《さかのぼ》るこの時代、イスラム世界に属していながらシチリアには、「浴場」という名の奴隷の収容施設が存在しなかったという一事は、特筆に値することなのであった。

このシチリアと交易関係をもつことを、ローマ法王の対イスラム戦への参加の呼びかけよりも優先したとして、ガエタ、ナポリ、アマルフィやピサ、ジェノヴァ、ヴェネツィアのイタリアの海洋都市国家は、しばしばキリスト教世界から非難された。しかし、イスラム支配下のシチリアは、海賊業をしていなかったのだ。

イスラム圏の北アフリカが、あい変わらず海賊業を続けているのを横眼で見ながら、彼らだけはしなかったのである。イタリアの海洋都市国家も、彼らの国を襲い同胞を拉致し、彼らの商船の前に立ちはだかる海賊に対しては、敢然と立ち向うことは拒否しなかった。いや、海賊への防御の必要から、海軍力をそなえた海洋国家に成長していった、としてもよいくらいである。

地中海の奇跡

シチリアにおけるアラブ・イスラム支配は、二百年つづいた後に終わった。紀元一〇七二年、ノルマン人によってシチリアは征服されたからである。

十一世紀のノルマン人はイギリスを征服したりして大変に活動的であった民族だが、フランス北西部のノルマンディーからイギリスには近くても、南欧のシチリアまでは遠い。それで、シチリアにとっては幸いにも、新たな支配者になったノルマンの騎士たちの数自体が少なかった。数が少なかったことが、彼らを現実的にする。キリスト教徒のノルマン王朝に支配されるようになっても、シチリアはさして変わらなかったのである。いや、悪い面のみが是正されていくことになる。

新しき支配者がキリスト教徒であるからには当然だが、それまでの二百年間、キリスト教徒たちが耐えてきた「二級市民」の立場は消滅した。「ジズヤ」と呼ばれ、キリスト教徒だけに課されていた人頭税も払う必要はない。

新しく教会を建てることも、キリスト教の祝祭日に祭列を組んで町中を練り歩くことも、その日に鐘楼から鐘を鳴らしつづけることも、誰に気兼ねする必要もなく堂々と行えるようになったのである。

それでいてノルマン人の支配者たちは、今では被征服者の立場に変わったシチリア在住のイスラム教徒たちを、「二級市民」に落としたのでもなかった。パレルモの主要なモスクだけは、教会にもどしただけである。これももともとはキリスト教の教会であったのをモスクに変えたのだから、文字どおりに「もどした」のにすぎなかった。それ以外ならば、モスクのままで残されたのだ。モスクを残したということは、イスラム教徒のままで生きることを認めたということである。それでいながら、「異教徒でもその存在を耐えてやる」の意味をもつ人頭税を、イスラム教徒だからと言って課していない。それどころか、ノルマンの支配者たちは、これらのイスラム教徒を積極的に活用したのである。

アラブ人の支配下にあったシチリアにおいて、「曲がりなりにも」の形容詞つきにしろ実現したイスラム教徒とキリスト教徒の共生社会が、より理想に近づいた形で現実化されることになった。

アラブ支配下でもキリスト教徒百パーセントの状態でつづいたシチリアの東部を象徴する都市シラクサのドゥオーモと、反対に、ノルマン時代に入って以後もアラブ人が多く住んでいたシチリア西部に位置するモンレアーレのカテドラルの両方を訪れたことのある人ならば、ただちにうなずいてくれるにちがいない。

モンレアーレのカテドラルの回廊

シラクサのカテドラルであるドゥオーモは、キリスト教の教会にもどった後もアラブ色はまったく見られず、教会にされる以前は古代の神殿であった前歴が、今でも圧倒的と言ってよいほどのインパクトで迫ってくる。シラクサはずっと、キリスト教になろうとイスラムに屈しようと、古代ギリシアを引きずって生きてきたのだと感じさせる。

一方、パレルモの近郊に建つモンレアーレのカテドラルは、いかにモザイクのキリストが正面から大きく見すえていようと、教会全体の装飾に示されたアラブ色の濃厚さを感じ取らない人はいない。有名な回廊《キオストロ》は、もはやアラブそのものだ。ノルマンの王たちが望んだ教会の建設工事に、シチリア在住のイスラム教徒たちが全面的に協力した結果である。

この二つの教会は、イタリア中の教会建築の中で私が最も好きな五つのうちの二つだが、シラクサのドゥオーモは、古代ギリシアの彫像に似て、余計なものはいっさい取り除いた後に漂う静謐《せいひつ》に満ちている。必要最小限なものしかないのに、これ以上はない豊かさを感じさせるのだ。初めて訪れたとき、この感じの書斎が欲しい、と強烈に思ったものだった。

反対にモンレアーレのカテドラルは、あらゆる色彩を投げこんでいながらそれらすべてが絶妙に融合して、まれなる美の世界を創《つく》り出した見本になっている。愉楽のあまりに精神の統一はむずかしいから書斎には向かないが、仕事を終えた後に居場所を移す居間としてならば最適だ。

この二つのどちらを選ぶかと言われても、困惑するしかないだろう。前者が、燦然《さんぜん》と輝く大粒のダイヤの指輪ならば、後者のほうは、ルビーやエメラルドやサファイアや真珠を絶妙に配した、見事な細工の首飾りだからである。私だったらタメ息を深くついて、二つとも欲しい、と答えるだろう。

中世の建築様式の重要な一つは、研究者の間でも「シチリア・アラブ様式」と呼ばれているが、この様式に沿って建てられた建造物は、シチリア内だけで見られるとはかぎらない。ノルマン王朝の支配は南イタリアにも及んだので、ナポリから南には今でも数多く残っている。十九世紀の北ヨーロッパからの旅人を魅了した「君知るや南の国」は、惜しみなく降りそそぐ南国の陽光や地中海の限りなく蒼《あお》い海や、香り高いレモンやオレンジだけではないのである。イタリア語では「シクロ・アラブ」と呼ばれる、「シチリア・アラブ様式」の家や別荘も、北ヨーロッパからの人々にはエキゾティックに映ったのである。アラブ色なしの南イタリアやシチリアは、二十一世紀の今の旅人にとっても、彼らが憧《あこが》れる南イタリアでもシチリアでもない、と言ってよいくらいに。

主要な遠征だけでも八回は行われた十字軍の中で、ただ一度、イスラム教徒を殺さないで聖地イェルサレムを手中にした人がいる。ノルマン王朝の王の一人で神聖ローマ帝国皇帝でもあった、フリードリッヒ二世である。

この人は、ノルマンとドイツの血を引きながら、生れ育ったのはシチリアだった。文明史家ブルクハルトが、キリスト教世界とイスラム世界の境界を超えたと評した人物だが、ここまでに述べてきたシチリアがなければ、イスラムの指導者との平和裡《へいわり》での交渉によるイェルサレム征服を考え実行した、フリードリッヒにはならなかったのである。ちなみに、中世後期の地中海世界に登場してくるイタリア・ルネサンスも、この人が統治していた時代のパレルモで火が点《つ》けられたのであった。

中世前期のシチリアを舞台にして実現したキリスト教徒とイスラム教徒の共生は、こうして、シチリアがキリスト教世界にもどった後もつづいた。

「イスラム・アラブ支配」紀元八二七年——一〇七二年
「ノルマン・ホーエンシュタウヘン支配」紀元一〇七二年——一二六六年

つまり、四百年は少なくともつづいたのである。

これが終止符を打たれるのは、ドイツ系のホーエンシュタウヘン王朝が、ローマ法王の後援を受けたフランス系のアンジュー王家にとって代わられたからであった。だがこのフランス人による支配は、ジュゼッペ・ヴェルディ作のオペラ『シチリアの晩鐘』でも有名な、シチリアの民衆の一大蜂起《ほうき》によって挫折《ざせつ》する。しかし、追い出されたフランス人に代わってシチリアに進駐してきたのは、スペイン系のアラゴン王家であった。

フランス人は、イタリア人よりもキリスト教的なところが多い。だが、スペイン人は、このフランス人よりもキリスト教的なのだ。そのスペインに支配されるようになったシチリアからは、まずモスクが消えた。四百年も経《た》って完全にシチリア化していたアラブ人も、今なお海賊を生業《なりわい》としつづける北アフリカに亡命するよりも、キリスト教に改宗する道を選んだのではないかと思われる。

こうして、地中海の奇跡も消えた。シチリアの、地中海世界の一大トレード・センターとしての地位は終わりを告げたのだ。このシチリアで火を点けられたルネサンス精神《スピリット》も、遠く離れたフィレンツェで実を結ぶことになるのである。だが、そこに至るまでには、いまだ二百年の歳月を経なければならなかった。

（第二巻に続く）

ローマ亡き後の地中海世界

イタリア全土に分布するサラセンの塔

サラセンの海賊の脅威にさらされつづける沿海の住民たちにとって、希望はどこにもない。彼らができた自衛のための手段は、広く海を見渡せる地を選んで塔を立て、海賊船の襲来を一刻でも早く見つけ、住民たちに逃げる時間を少しでも多く与えることだけであった。これらの塔は、イタリア語では「トッレ・サラチェーノ」（サラセンの塔）と呼ばれた。

サラセンの海賊襲来に備えた監視塔や砦のイタリア地方別分類図

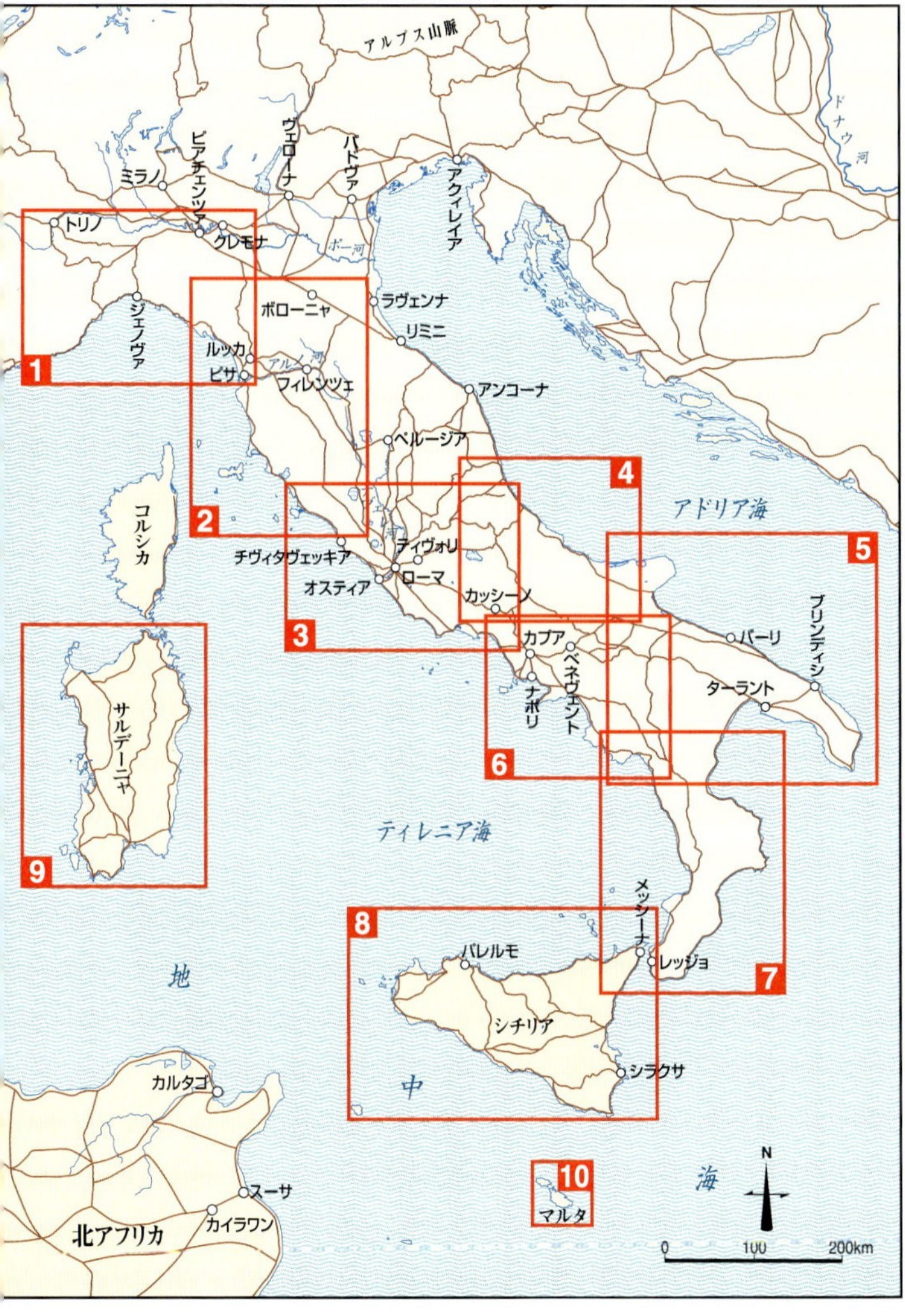

イタリア海軍旗

マルタ騎士団旗
戦闘用
(創設以来変わらず)

マルタ騎士団旗
宗教用
(ロードス島を失った喪を表して黒に)

ローマ法王庁旗

神聖ローマ帝国旗

1 リグーリア地方の分布

2
モンテロッソ・アル・マーレ
(Monterosso al Mare)

1
サン・フルトゥオーソ
(San Fruttuoso)

❸
ヴェルナッツァ
(Vernazza)

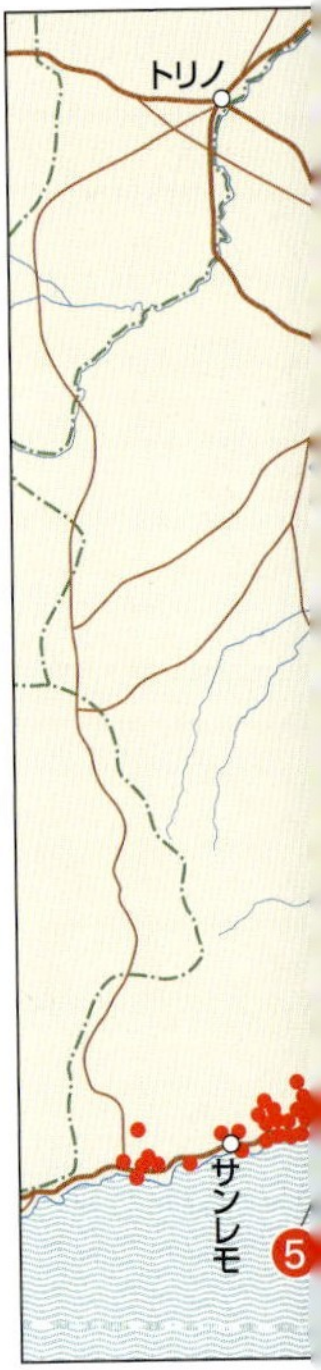

❹
レリチ
(Lerici)

❺
インペリア
(Imperia)

2 トスカーナ地方の分布

ボローニャ
エミーリア街道
ファエンツァ
フォルリ
ラスペツィア
ルーニ
フィエゾレ
ルッカ
ピサ
アルノ河
フィレンツェ
リヴォルノ
6
ゴルゴーナ島
ヴォルテッラ
アレッツォ
シエナ
カッシア街道
コルトーナ
トラジメーノ湖
ティレニア海
カプライア島
ポプロニア
ピオンビーノ
キウージ
3
エルバ島
グローセット
オルヴィエート
ボルセーナ
ボルセーナ湖
ピアノーザ島
1
ヴォルチ
タルクィーニア
2
7
N
1：1 500 000
0 10 20 30km
モンテクリスト島
ジーリオ島
5
コーリ
4
ヴィテルボ

1
タラモーネ
(Talamone)

2
ポルト・サント・ステファノ
(Porto Santo Stefano)

3
エルバ島マルチァーナ・マリナ
(Marciana Marina, Isola d'Elba)

4
アンセドーニア
（Ansedonia）

5
ポルト・エルコレ
(Porto Ercole)

6
リヴォルノ
(Livorno)

7
ジーリオ島
ジーリオ・カンペーセ
(Giglio Campese,
Isola del Giglio)

3 ラツィオ地方の分布

② ネットゥーノ (Nettuno)

① サンタ・セヴェーラ (Santa Severa)

❸
サン・フェリーチェ・チルチェオ
(San Felice Circeo)

❺
サン・フェリーチェ・チルチェオ
(San Felice Circeo)

❹
スペルロンガ
(Sperlonga)

4 アブルッツォ・モリーゼ地方の分布

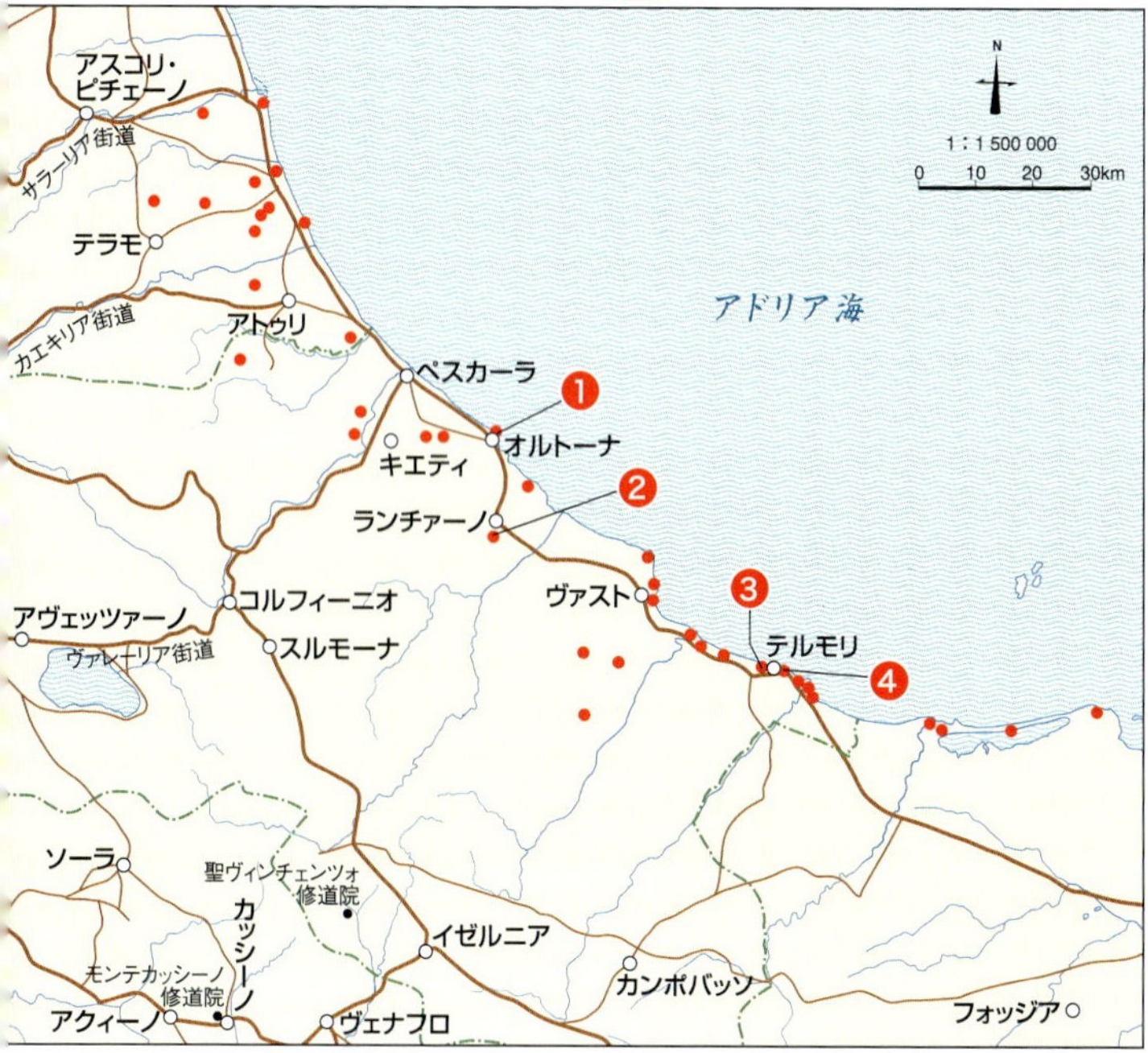

1
オルトーナ
(Ortona)

❷
ランチァーノ
（Lanciano）

❸
テルモリ
（Termoli）
現在はレストランに
なっている

❹
テルモリ
（Termoli）

5 プーリア・バシリカータ地方の分布

❶
ポルト・チェザレオ
(Porto Cesareo)

❷
オストゥニ
(Ostuni)

③ サン・ニコラ島
(Isola di San Nicola)

④ プンタ・ペンナ・グロッサ
(Punta Penna Grossa)

5 ブリンディシ (Brindisi)

6 モノーポリ (Monopoli)

7 サンタ・チェザレア・テルメ (Santa Cesarea Terme)

6 カンパーニア地方の分布

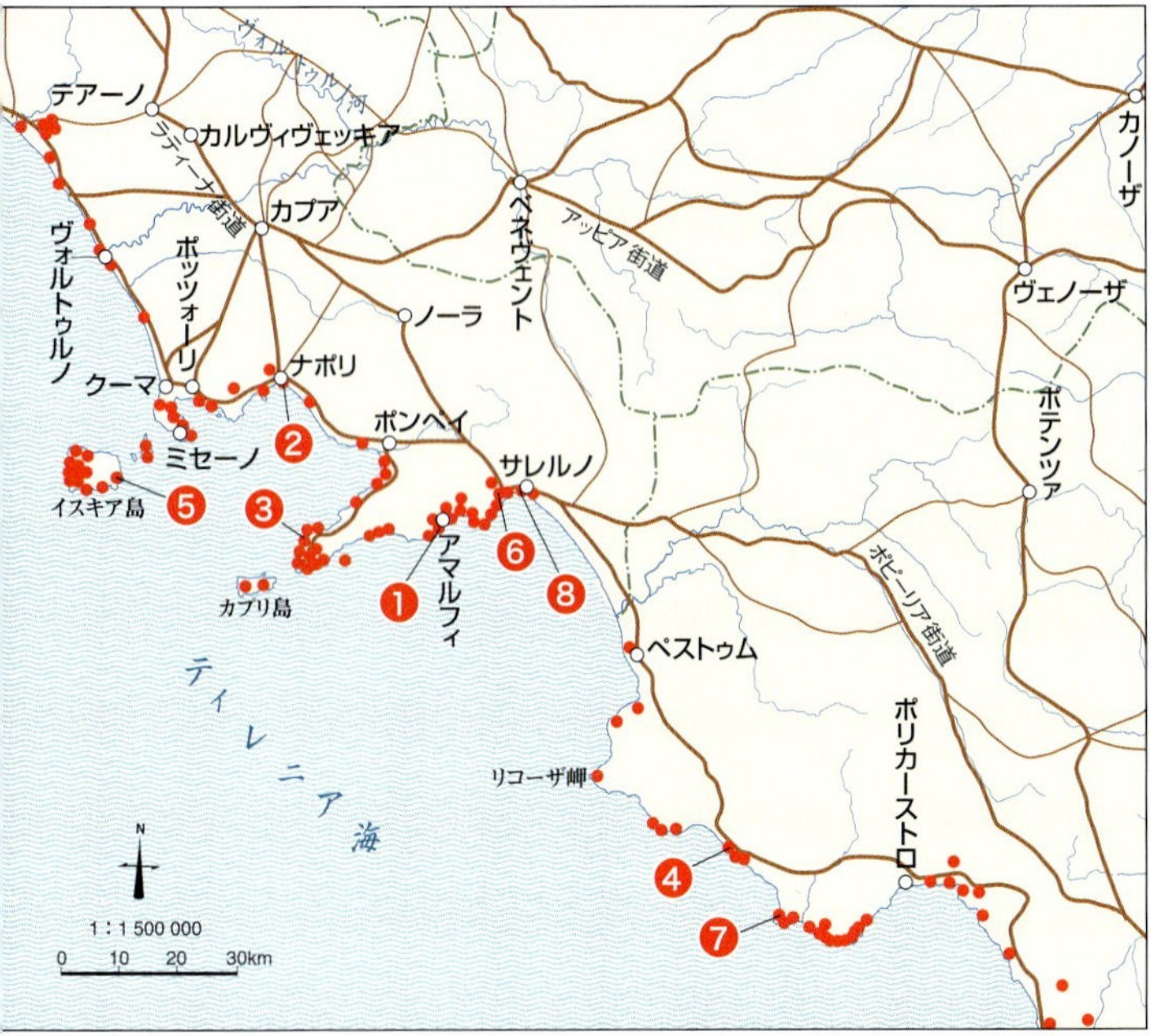

❶ アマルフィ（Amalfi）

2
ナポリ
(Napoli)

4
アシェア
(Ascea)

3
マッサ・ルブレンセ
(Massa Lubrense)

5
イスキア島
(Isola d'Ischia)

6
チェターラ
(Cetara)

7
マリーナ・ディ・カメロータ
(Marina di Camerota)

8
塔から海を望む
サレルノ
（Salerno）

7 カラーブリア地方の分布

ターラント湾
ティレニア海
イオニア海
ポリカーストロ
シーバリ
ポピーリア街道
コゼンツァ
ストロンゴリ
クロトーネ
サンタ・エウフェーミア
カタンザーロ
トロペア
ヴィーボ・バレンティア
モナステラーチェ・マリーナ
シッラ
ロクリ
メッシーナ
レッジョ・ディ・カラーブリア
タオルミーナ
1
2
3
4
5
6
7
8
9
10
N
1：1 500 000
0 10 20 30km

1
レ・カステッラ
(Le Castella)

2
アマンテア
(Amantea)

4
サン・ニコーラ・アルチェッラ
(San Nicola Arcella)

3
カーポ・ボニファティ
(Capo Bonifati)

5
シッラ
(Scilla)

7
パルミ
(Palmi)

6
バニャーラ・カーラブラ
(Bagnara Calabra)

8
ストロンゴリ
(Strongoli)

9
クロトーネ
(Crotone)

10
ロセート・カーポ・スプリーコ
(Roseto Capo Spulico)

8 シチリア地方の分布

リパリ諸島
リパリ島
ティレニア海
1
メッシーナ
ティンダリ
レッジョ・ディ・カラーブリア
ブォンフォルネッロ
5
セントゥーリペ
タオルミーナ
ナクソス
アチレアーレ
4
6
エンナ
アグリジェント
カルタニセッタ
カターニア
2
シラクサ
ジェーラ
ラグーサ
3

❶ ピライノ
(Piraino)

❷ マリーナ・ディ・パールマ
(Marina di Palma)

❸ ポッツァーロ
(Pozzallo)

4

アチレアーレ
(Acireale)

5

サンタレッシオ・シクーロ
(Sant'Alessio Siculo)

6

アチ・カステッロ
(Aci Castello)

7
トラパニ
(Trapani)

8
ヌビア
(Nubia)

9
モンデッロ
(Mondello)

10
スコペッロ
(Scopello)

9 サルデーニャ地方の分布

②
サンタンティオコ島
(Isola di Sant'Antioco)

①
スティンティーノ
(Stintino)

③
サンタ・テレーザ・
ディ・ガッルーラ
(Santa Teresa
di Gallura)

④
サン・ジョヴァンニ・
ディ・シニス
(San Giovanni
di Sinis)

⑤
アルゲーロ
(Alghero)

10 マルタ

ヴァレッタ旧市街
(Valletta)

聖エルモ城塞の戦勝記念堂（Valletta）

聖アンジェロ城塞（Valletta）

Special Advisory : Antonio Scimone

図版出典一覧

カバー	ヴァティカン美術館(ヴァティカン)　ラファエッロ画 © Bridgeman Art Library
p.　14	作画：瀬戸照
p.　39	カイラワンの大モスク（カイラワン／チュニジア） © Christine Osborne/CORBIS
p.　55	M. Léon Galibier, "Storia d'Algéri"（『アルジェリアの歴史』), 1847より
p.　66	ヴァティカン美術館(ヴァティカン)　ラファエッロ画 © Scala, Firenze
p. 165	カバーと同じ
p. 251	モンレアーレ大聖堂（シチリア／イタリア） © AKG-images/Andrea Jemolo

口絵：作画：峰村勝子(p. 259)、(p. 261右下)© Mario Criscuolo、(p. 266右)© Carlo Struglia、(p. 266左)© Giuseppe Di Pietrantonio、(p. 267左下)© Matthias Knäpper、(p. 269下)© Vincenzo Di Lello、(p. 274右)© Leon Reed、(p. 274左)© Toshiyuki Ushijima/Sebun Photo/amanaimages、(p. 276上)© Antonio Scimone、(p. 279下左)© Thomas Vallely、(p. 285左上)© Fabio Bernardini
(その他すべて)© Cubo Images, Milano

地図作製：綜合精図研究所

塩野七生著

ローマ人の物語 1・2
ローマは一日にして成らず
（上・下）

なぜかくも壮大な帝国をローマ人だけが築くことができたのか。一千年にわたる古代ローマ興亡の物語、ついに文庫刊行開始！

塩野七生著

ローマ人の物語 3・4・5
ハンニバル戦記
（上・中・下）

ローマとカルタゴが地中海の覇権を賭けて争ったポエニ戦役を、ハンニバルとスキピオという稀代の名将二人の対決を中心に描く。

塩野七生著

ローマ人の物語 6・7
勝者の混迷
（上・下）

ローマは地中海の覇者となるも、「内なる敵」を抱え混迷していた。秩序を再建すべく、全力を賭して改革断行に挑んだ男たちの苦闘。

塩野七生著

ローマ人の物語 8・9・10
ユリウス・カエサル
ルビコン以前
（上・中・下）

「ローマが生んだ唯一の創造的天才」は、大改革を断行し壮大なる世界帝国の礎を築く。その生い立ちから、〝ルビコンを渡る〟まで。

塩野七生著

ローマ人の物語 11・12・13
ユリウス・カエサル
ルビコン以後
（上・中・下）

ルビコンを渡ったカエサルは、わずか五年であらゆる改革を断行。帝国の礎を築き、強大な権力を手にした直後、暗殺の刃に倒れた。

塩野七生著

ローマ人の物語 14・15・16
パクス・ロマーナ
（上・中・下）

「共和政」を廃止せずに帝政を築き上げる――それは初代皇帝アウグストゥスの「戦い」であった。いよいよローマは帝政期に。

塩野七生著

ローマ人の物語 35・36・37
最後の努力
（上・中・下）

ディオクレティアヌス帝は「四頭政」を導入。複数の皇帝による防衛体制を構築するも、帝国はまったく別の形に変容してしまった——。

塩野七生著

ローマ人の物語 38・39・40
キリストの勝利
（上・中・下）

ローマ帝国はついにキリスト教に呑込まれる。帝国繁栄の基礎だった「寛容の精神」は消え、異教を認めぬキリスト教が国教となる——。

塩野七生著

ローマ人の物語 41・42・43
ローマ世界の終焉
（上・中・下）

ローマ帝国は東西に分割され、「永遠の都」は蛮族に蹂躙される。空前絶後の大帝国はいつ、どのように滅亡の時を迎えたのか——。

新潮社編

塩野七生『ローマ人の物語』
スペシャル・ガイドブック

ローマ帝国の栄光と衰亡を描いた大ヒット歴史巨編のビジュアル・ダイジェストが登場。『ローマ人の物語』をここから始めよう！

塩野七生著

愛の年代記

欲望、権謀のうず巻くイタリアの中世末期からルネサンスにかけて、激しく美しく恋に身をこがした女たちの華麗なる愛の物語9編。

塩野七生著

チェーザレ・ボルジア
あるいは優雅なる冷酷
毎日出版文化賞受賞

ルネサンス期、初めてイタリア統一の野望をいだいた一人の若者——〈毒を盛る男〉としてその名を歴史に残した男の栄光と悲劇。

塩野七生著

イタリアからの手紙

ここ、イタリアの風光は飽くまで美しく、その歴史はとりわけ奥深く、人間は複雑微妙だ。——人生の豊かな味わいに誘う24のエセー。

塩野七生著

人びとのかたち

銀幕は人生の奥深さを多様に映し出す万華鏡。数多の現実、事実と真実を映画に教えられた。だから語ろう、私の愛する映画たちのことを。

塩野七生著

サロメの乳母の話

オデュッセウス、サロメ、キリスト、ネロ、カリグラ、ダンテの裏の顔は？「ローマ人の物語」の作者が想像力豊かに描く傑作短編集。

塩野七生著

ルネサンスとは何であったのか

イタリア・ルネサンスは、美術のみならず、人間に関わる全ての変革を目指した。その本質を知り尽くした著者による最高の入門書。

塩野七生著

海の都の物語
—ヴェネツィア共和国の一千年—
サントリー学芸賞（1～6）

外交と貿易、軍事力を武器に、自由と独立を守り続けた「地中海の女王」ヴェネツィア共和国。その一千年の興亡史を描いた歴史大作。

塩野七生著

わが友マキアヴェッリ
—フィレンツェ存亡—
（1～3）

権力を間近で見つめ、自由な精神で政治と統治の本質を考え続けた政治思想家の実像に迫る。塩野ルネサンス文学の最高峰、全三巻。

塩野七生著　ルネサンスの女たち

ルネサンス、それは政治もまた偉大な芸術であった時代。戦乱の世を見事に生き抜いた女性たちを描き出す、塩野文学の出発点！

塩野七生著　神の代理人

信仰と権力の頂点から見えたものは何だったのか――。個性的な四人のローマ法王をとりあげた、塩野ルネサンス文学初期の傑作。

小林秀雄著　Xへの手紙・私小説論

批評家としての最初の揺るぎない立場を確立した「様々なる意匠」、人生観、現代芸術論などを鋭く捉えた「Xへの手紙」など多彩な一巻。

小林秀雄著　作家の顔

書かれたものの内側に必ず作者の人間があるという信念のもとに、鋭い直感を働かせて到達した作家の秘密、文学者の相貌を伝える。

小林秀雄著　ドストエフスキイの生活　文学界賞受賞

ペトラシェフスキイ事件連座、シベリヤ流謫、恋愛、結婚、賭博――不世出の文豪の魂に迫り、漂泊の人生を的確に捉えた不滅の労作。

小林秀雄著　モオツァルト・無常という事

批評という形式に潜むあらゆる可能性を提示する「モオツァルト」、自らの宿命のかなしい主調音を奏でる連作「無常という事」等14編。

小林秀雄著

本居宣長

日本文学大賞受賞（上・下）

古典作者との対話を通して宣長が究めた人生の意味、人間の道。「本居宣長補記」を併録する著者畢生の大業、待望の文庫版！

小林秀雄
岡潔著

人間の建設

酒の味から、本居宣長、アインシュタイン、ドストエフスキーまで。文系・理系を代表する天才二人が縦横無尽に語った奇跡の対話。

小林秀雄著

直観を磨くもの

―小林秀雄対話集―

湯川秀樹、三木清、三好達治、梅原龍三郎……。各界の第一人者十二名と慧眼の士、小林秀雄が熱く火花を散らす比類のない対論。

佐藤優著

国家の罠

―外務省のラスプーチンと呼ばれて―

毎日出版文化賞特別賞受賞

対ロ外交の最前線を支えた男は、なぜ逮捕されなければならなかったのか？　鈴木宗男事件を巡る「国策捜査」の真相を明かす衝撃作。

佐藤優著

自壊する帝国

大宅壮一ノンフィクション賞・新潮ドキュメント賞受賞

ソ連邦末期、崩壊する巨大帝国で若き外交官は何を見たのか？　大宅賞、新潮ドキュメント賞受賞の衝撃作に最新論考を加えた決定版。

佐藤優著

インテリジェンス人間論

歴代総理や各国首脳、歴史上の人物の精神構造を丸裸！　インテリジェンスの観点から切り込んだ、秘話満載の異色人物論集。

佐藤優著

功利主義者の読書術

聖書、資本論、タレント本。意外な一冊にこそ、過酷な現実と戦える真の叡智が隠されている。当代一の論客による、攻撃的読書指南。

佐藤優著

母なる海から日本を読み解く

外交交渉の最前線から、琉球人の意識の古層へ。世界の中心を移すと、日本の宿命と進むべき道が見える！　著者会心の国家論。

佐藤優著

外務省に告ぐ

北方領土問題を後退させ、中国の海洋進出を許し、失策と敗北を重ねた日本外交を著者しか知らぬ現場最深部から斬る告発の書。

西原理恵子
佐藤優著

とりあたま事変

無頼派漫画家とインテリジェンスの巨人（前科あり）。最凶の二人が世の中に宣戦布告！暴論で時流をぶった切る痛快コラム67本。

手嶋龍一著

たそがれゆく日米同盟
—ニッポンFSXを撃て—

日米同盟は磐石のはずだった。あの事件が起きるまでは——。ワシントンと東京の狭間、孤立無援で闘い続けた哀しき外交戦士たち。

手嶋龍一著

外交敗戦
—130億ドルは砂に消えた—

外交を司る省、予算を預かる省。ふたつの勢力の暗闘が大失策を招いた！　戦略なき経済大国・日本の真実を圧倒的情報力で描ききる。

手嶋龍一著　**ウルトラ・ダラー**

拉致問題の謎、ハイテク企業の陥穽、外交官の暗闘。真実は超精巧なニセ百ドル札に刻み込まれた。本邦初のインテリジェンス小説。

手嶋龍一著　**インテリジェンスの賢者たち**

情報の奔流から未来を摑み取る者、彼らを賢者と呼ぶ。『スギハラ・ダラー』の著者が描く、知的でスリリングなルポルタージュ。

手嶋龍一著　**スギハラ・サバイバル**

英国情報部員スティーブン・ブラッドレーは、国際金融市場に起きている巨大な異変に気づく——。全ての鍵は外交官・杉原千畝にあり。

手嶋龍一著　**宰相のインテリジェンス**　—9・11から3・11へ—

本土へのテロを防げなかった米大統領、東日本大震災時に決断を下せなかった日本国首相。彼らの失敗から我々が学ぶべきものとは。

高杉　良著　**王国の崩壊**

業界第一位老舗の丸越百貨店が独断専横の新社長により悪魔の王国と化した。再生は可能なのか。実際の事件をモデルに描く経済長編。

池波正太郎著　**映画を見ると得をする**

なぜ映画を見ると人間が灰汁《あく》ぬけてくるのか……。シネマディクト（映画狂）の著者が、映画の選び方から楽しみ方、効用を縦横に語る。

高杉良著
虚像の政商（上・下）
大泉内閣の陰で暗躍し、強欲の限りを尽くした男、加藤愛一郎。拝金主義で日本経済を壊した「平成の政商」を描く経済小説の金字塔。

高村薫著
黄金を抱いて翔べ
大阪の街に生きる男達が企んだ、大胆不敵な金塊強奪計画。銀行本店の鉄壁の防御システムは突破可能か？　絶賛を浴びたデビュー作。

高村薫著
神の火（上・下）
苛烈極まる諜報戦が沸点に達した時、破天荒な原発襲撃計画が動きだした――スパイ小説と危機小説の見事な融合！　衝撃の新版。

高村薫著
リヴィエラを撃て（上・下）
日本推理作家協会賞／日本冒険小説協会大賞受賞
元ＩＲＡの青年はなぜ東京で殺されたのか？白髪の東洋人スパイ《リヴィエラ》とは何者か？　日本が生んだ国際諜報小説の最高傑作。

高村薫著
マークスの山（上・下）
直木賞受賞
マークス――。運命の名を得た男が開いた扉の先に、血塗られた道が続いていた。合田雄一郎警部補の眼前に立ち塞がる、黒一色の山。

高村薫著
照柿（上・下）
運命の女と溶鉱炉のごとき炎熱が、合田と旧友を同時に狂わせてゆく。照柿、それは断末魔の悲鳴の色。人間の原罪を抉る衝撃の長篇。

ローマ亡《な》き後《あと》の地《ち》中《ちゆう》海《かい》世《せ》界《かい》
海賊、そして海軍
1

新潮文庫　し－12－94

平成二十六年八月一日発行

著者　塩《しお》野《の》七《なな》生《み》
発行者　佐藤隆信
発行所　株式会社新潮社
郵便番号　一六二―八七一一
東京都新宿区矢来町七一
電話　編集部(〇三)三二六六―五六一一
　　　読者係(〇三)三二六六―五一一一
http://www.shinchosha.co.jp

価格はカバーに表示してあります。
乱丁・落丁本は、ご面倒ですが小社読者係宛ご送付ください。送料小社負担にてお取替えいたします。

印刷・錦明印刷株式会社　製本・錦明印刷株式会社

ISBN978-4-10-118194-3 C0122